どんなに苦手でもうまくいく

電話応対

監修
人財育成コンサルタント
北條久美子

新星出版社

仕事がうまくまわりだす！

電話応対をミカタにつけよう！

使ったことない ビジネスフォン不安です！

最初のうちは、慣れなくて慌ててしまうのが当たり前。自信を持って応対できるようにコツを学びましょう。

吉澤友香さん

何を言えばいいのか わかりません！

田中裕也さん

基本のセリフと 流れを覚えればスムーズに 電話応対ができる！

電話の取り次ぎや、かけ方には基本のルールがあります。場面に適したセリフを覚えておくと、ラクに電話応対ができるようになります。

電話は便利なビジネスツール。固定電話は会社に入って初めて使う
から不安だという人も、コロナ禍で先輩から電話応対を学ぶ機会が
少ないという人も、コツさえわかれば大丈夫です。

相手が不在だったら
何と言う？

クレームには
どう対応すべき？

アポイントを
とりたいときは？

休むときの
連絡電話は？

携帯電話で
電話に出るときは？

予期していなかったクレームや、突然携帯にかかってくる電話など
でも、落ち着いて会話ができるようになりましょう。

在宅ワークが増えた今も
電話応対マナーは大切！！

就業時間中は常に会社の代表という意識をもって
電話をすることが大切。頼れる人だという印象を
持ってもらえるようになりましょう。

CONTENTS

PART 1

電話応対の基本

PART
2

電話を「受ける」基本

PART 3

電話を「かける」基本

Column

PART

ケース別の電話応対

Column

PART
5

ワンランク上の電話応対術

PART

1

電話応対の基本

「知らない人からの突然の電話が怖い」と、
苦手意識を持っている人は少なくありません。
しかし、電話はビジネスに必須。
電話応対をラクにこなせるようになれば、
仕事がスムーズに進み、ストレスも減らせます。
電話応対の基本をおさえておきましょう。

電話応対は
なぜ必要？

電話応対がなぜ必要なのか、その理由を知って
自分自身のスキルアップにつなげましょう。

OK

電話応対での声や話し方は、会社の雰囲気を印象づける「会社の顔」のようなもの。丁寧で明るい印象を与えるためにマナーが必要です。

NG

慌てた態度や聞き取りづらいと感じる電話応対は、マイナスな印象を与えます。自分だけでなく、会社自体の印象が悪くなってしまうことも。

01

電話応対は
今すぐできる仕事

新入社員は先輩社員と同じ仕事をすぐにはできません。電話応対で職場の人をサポートすることは今すぐできる大事な仕事です。

02

仕事をスムーズに
行う手段

仕事ができる人は、連絡ツールをうまく使い分けています。電話応対のスキルが身につけば、仕事がスムーズに進みます。

03

自社や取引先の
情報を得られる

主な取引先や担当者が自然と頭に入ります。また、自分の会社がどのような仕事をしているかも把握できるように。

04

「仕事ができそう」と
安心感を与えられる

円滑に電話応対をしている姿を先輩や上司に見せれば、「安心して仕事を任せられそうだな」と信頼してもらえます。

ビジネスフォンの
使い方

携帯電話やスマートフォンの普及により、就職して初めて固定電話を使う人も少なくありません。基本的な操作を覚えましょう。

基本操作は
覚えてしまおう！

最初は使い方がわからなくても、恥ずかしいことではありません。作業を効率的にするために、基本的な操作の仕方はできるだけ早く覚えましょう。

短縮番号

よく電話のやりとりをする取引先の連絡先を記録しておけば、短縮番号を押すだけですぐ電話がかかります。

保留

電話を受け、取り次ぐときや、電話中に電話口から離れなければいけないときに使います。

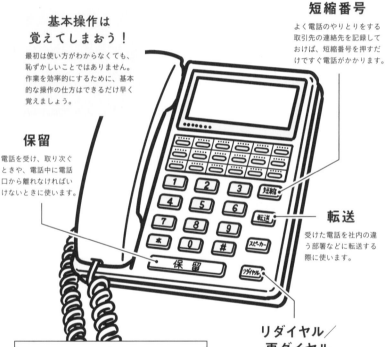

転送

受けた電話を社内の違う部署などに転送する際に使います。

リダイヤル／
再ダイヤル

発信履歴から相手にもう一度電話をかけることができます。番号を押す必要がなく便利です。

外線とは

取引先など社外の相手に電話をかける際に使います。電話番号を打つ必要があるので、打ち間違いに注意。

内線とは

社内の相手に電話をかける際に使います。電話機に内線番号が振り分けられているため、その番号を押します。

POINT 01 「受ける」ときはスムーズにつなぐ

保留ボタン
↓
転送

相手の会社名、名前を聞いたら復唱してから「○○でございますね、少々お待ちください」と断りを入れ、保留ボタンを押してすぐ転送します。

POINT 02 「かける」ときは外線を使う

外線ボタン
↓
相手の電話番号

最初に外線ボタンを押し、相手の電話番号を間違えないよう、よく確認しながら押します。電話しながらメモがとれるよう準備も万端に。

POINT 03 周りの音を気にしよう

電話は意外と周囲の音を拾ってしまいます。周りが騒がしいと相手が聞き取りづらく失礼なので、電話する前に気にかけましょう。

電話応対の 心構え

必要最低限のことをおさえれば、電話応対は難しくありません。
まずはタイミング、内容、簡潔さを意識しましょう。

▶ **電話をかけることは相手の 世界に割り込むことと意識して**

電話をかける前に考えなければならないのが、相手の状況です。迷惑にならない時間帯かどうか、内容は電話に向いているかなど、自分だけでなく相手の都合もよく考えましょう。

POINT 01　避けるべき時間がある

早朝やお昼時は迷惑になるので、避けましょう。始業直後、終業直前も相手の負担になるので避けます。相手が電話に出たら本題に入る前に「今お話ししてもよろしいでしょうか」と確認するのが丁寧です。

POINT 02　取り次ぐときは待たせない

電話は鳴ったら1〜2コールで取るようにし、スムーズに取り次ぎます。わずかな時間であっても、取り次ぐためだけにお互いの時間を使っているのです。保留を押したまま、待たせてはいけません。スピーディーに対応できるよう、意識しましょう。

POINT 03　話すべき内容は事前にまとめておく

ダラダラと無駄に長電話になってしまうと、相手の貴重な時間を奪うことになるので、簡潔に話せるよう事前に準備しておきましょう。メモは「5W2H」（P77）を意識して書いておくと漏れもなく、話の道筋を立てやすいでしょう。

ツールの使い分けは P162 へ

世代によって違う
〝電話〟の考え方

連絡は基本的に電話のみ、という世代もいれば、ほとんどメール
で済ませる世代も。相手に合わせて柔軟に対応しましょう。

POINT

業界によっても違う

個人情報を取り扱っている業種は情報漏洩防
止の観点から電話をメインに使うことも。

▶ 相手に合わせるのが大切

自分にとっては当たり前の連絡ツールでも、相手にとっては不便に感
じることもあります。電話が当たり前の世代が相手ならまずは電話で
連絡してみるなど、相手によって使い分けることが大切です。

20代

メール中心世代

生まれたときからメールというツールが存在していたため、電話よりメールのほうが身近。なるべく電話を使いたくない人も。

30-40代

急ぎなら電話世代

メールももちろん使いこなしますが、急ぎの案件など、場合によっては電話をかけて直接伝えるほうが安心してもらえます。

50-60代

電話だと好印象世代

メールも使いますが、文章だけだとそっけない印象を抱いてしまうことも。電話で直接話したほうが好印象を持たれます。

60代以降

まず電話世代

連絡ツールといえば電話の世代。メールはあまり使わない人もいるため、最初は電話連絡がベター。

電話応対での
マナー

相手には見えないからと姿勢や態度が悪いのは NG。
声を通して相手に伝わるので注意しましょう。

お電話
ありがとうございます

▶ 正しいマナーを身につければ好印象に

相手は電話を通して聞こえる声でしかあなたを判断できません。顔の
見えない相手に好印象を持ってもらえるよう、話す姿勢や態度にも注
意して応対するようにしましょう。

▶ 電話するときの理想的な姿勢

椅子にふんぞり返ったような体勢で座ったり、頬杖をついたりした状態で話すとだらしない声のトーンになります。姿勢を正し、笑顔を意識して明るく話すよう意識しましょう。

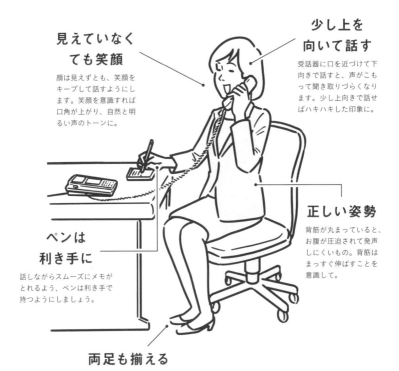

見えていなくても笑顔

顔は見えずとも、笑顔をキープして話すようにします。笑顔を意識すれば口角が上がり、自然と明るい声のトーンに。

少し上を向いて話す

受話器に口を近づけて下向きで話すと、声がこもって聞き取りづらくなります。少し上向きで話せばハキハキした印象に。

正しい姿勢

背筋が丸まっていると、お腹が圧迫されて発声しにくいもの。背筋はまっすぐ伸ばすことを意識して。

ペンは利き手に

話しながらスムーズにメモがとれるよう、ペンは利き手で持つようにしましょう。

両足も揃える

だらしない姿勢でいると、相手には見えなくても、職場の人からの印象が悪くなります。

偉そうな態度はダメ！

椅子にだらっと座る、電話を肩とあごで挟むなど、姿勢が乱れていると声を通して相手に伝わります。目の前に相手がいると考えて電話しましょう。

はーい！わかっております

好感度の上がる話し方

顔が見えないからこそ、話し方にはより気をつけたいところ。
声のトーンやスピード、適切な言葉遣いに注意しましょう。

聞き取り
やすい
スピード

いい人
そうと
思わせる
明るさ

いいね…

用件が
伝わり
やすい

心地
いい声

▶ 声だけで印象をよくする
テクニックが必要

顔が見えない相手でも、声だけで「この人は話しやすいな」「丁寧で信
用できそうだ」という印象を持ったことはあるでしょう。電話越しの声
や話し方だけで相手に好印象を持ってもらえるよう意識します。

スピード

あせって早口に
ならないように

緊張すると早口になりがちですが、相手が
聞き取れず、誤った情報が伝わる可能性も。
普段よりゆっくり話すことを心がけて。

発声

相手にしっかりと
聞こえるように
滑舌も大切

電話越しだと声がこもって聞こえることも
あるため、滑舌には注意。口を大きく動か
してハキハキ発音するようにします。

わかりやすさ

必要な要素を
伝わりやすく

電話をかけると自分だけでなく相手の時間
も使うので、話の要点は簡潔に。電話をか
ける前にまとめておきましょう。

声色

いつもよりも
ワントーン
高めに明るく

電話では意識的に声のトーンをワントーン
上げて話します。低い声よりも高い声のほ
うが明るい印象を与えます。

電話応対は敬語が絶対

敬語は相手に敬意を表す言葉。
正しく敬語を使えるようになれば、それだけで好印象です。

▶ 立場を考えて敬意を示すと コミュニケーションがスムーズに

例えば取引先の相手と自社の先輩、自分がいたら最も立場が上なのは
誰でしょうか。常にその場で自分の立場、相手との関係性を考えるよ
うにすれば、自ずと敬語を使い分けることができます。

POINT 01 敬語の種類を知って使い分ける

尊敬語 相手（高める対象）の行為や、事柄などについて相手を立てて表現する言い方。

謙譲語Ⅰ 自分がへりくだることで、相手を高める言い方。「教えていただく」など、自分の行動を低める。

謙譲語Ⅱ 聞き手や読み手に対して自分の行動や物事を丁寧に述べる表現。丁重語ともいう。

丁寧語 丁寧な表現で述べる言い方。語尾に「です」「ます」「ございます」などをつける。

美化語 「お茶」「お料理」など名詞の前に「お」や「ご」をつけて、物事を美化して述べる。

POINT 02 「ウチ」と「ソト」を使い分ける

ソト｜ウチ

"田中"は、席を外しております

田中部長は、外出中です。

「ウチ」は自分の身内や社内の人、「ソト」は身内ではない人や社外の人です。気をつけなければいけないのが、自分の会社の社長であっても、社外の人に話をする場合は「ウチ」の存在になること。忘れずに呼び捨てる必要があります。

敬語が苦手なら、最初は「です」「ます」だけでもOK！

…ます。

…です。

例えば「いる」を尊敬語にすると「いらっしゃる」、謙譲語にすると「おる」ですが、「います」で十分な場合もあります。「です」「ます」をつけることを徹底すれば相手に対して失礼にはなりません。

P172でもっと詳しく

勘違い敬語に注意

敬語は誤った使い方をすると、逆に失礼にあたる可能性も。
間違えやすい敬語の使い方をチェックしましょう。

所在を確認するとき

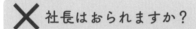
✕ 社長はおられますか？

正しくは…

◎ 社長は
いらっしゃいますか？

▶ さりげないひと言が失礼になることも

敬語はビジネスの場では大切なマナーのひとつです。使い慣れていないと、とっさのひと言で相手に失礼な印象を与えてしまうことも。日頃から意識して使うようにすると、電話でのミスを防げます。

担当者へ取り次ぐとき

✕ 担当者に伺ってください

正しくは…

◎ 担当者にお尋ねください

「お伺いする」はへりくだって使う謙譲語のため、相手に使うのは NG。お客様には「お尋ねする」と尊敬語を使いましょう。

せっかくアドバイスをもらったのに「さすが」だと上から目線に聞こえます。目上の人にアドバイスをもらったら「勉強になる」と言い換えを。

アドバイスをもらったとき

✕ さすがですね！

正しくは…

◎ 勉強になります

一度確認するとき

✕ 預からさせていただきます

正しくは…

◎ 預からせていただきます

ほかにも「読まさせていただく」「やらさせていただく」など、丁寧に言おうとして無駄に「さ」を入れてしまうと、聞きづらい言葉に。

若者言葉を
使わない

普段友人との間で使っている言葉もビジネスモードにチェンジ!
社会人としてふさわしい言葉遣いをしましょう。

ハッ!

マジッすか!?

これも NG！

・まじっすか？
・〜っていうか
・わたし的には
・うざいんですけど

▶ うっかり普段の言葉が出ないように

友人や親しい人とは当たり前の言葉でも、ビジネスの場では不適切。
「っていうか」「普通に〜」など、口グセになっていることもあるので、
つい出てしまう言葉に注意しましょう。

よい提案を出してもらったとき

✕ よさげじゃないですか！

正しくは…

◎ よいご提案ですね

「よさそうな感じ」という意味で使いがちですが、明らかな若者言葉。目上の人に使うのは失礼にあたるので、「よいご提案ですね」などと言い換えを。

信じられないくらい驚くことが起こると、つい使ってしまいがちですが、ビジネスシーンではフランクすぎます。「驚きました」など言い換えましょう。

信じられないことが起こったとき

✕ ありえないでしょ！

正しくは…

◎ 大変驚きました

承諾するとき

✕ 了解しました

正しくは…

◎ かしこまりました

若者言葉とは知らずに使っているかもしれませんが、「了解」は親しい間柄で使う言葉です。「かしこまりました」「承知いたしました」などを使います。

クッション言葉を使う

クッション言葉を使えば、言いづらいことを相手に伝えるときも言い方がやわらかくなります。

> 恐れ入りますが、金曜日までにお返事をいただけますか

▶ 言いたいことをやわらかく表現しよう

クッション言葉は頼みづらいことをお願いするとき、相手の要望を断るとき、相手に抗議や注意をするときなどに使う言葉。言い方がソフトになり、角が立たなくなるので覚えておくとよいでしょう。

▶ こんなときにクッション言葉は便利

依頼する

・お手数ですが
・申し訳ありませんが
・お忙しいところ
・恐れ入りますが
・差し支えなければ

断る

・残念ですが
・せっかくですが
・お気持ちはありがたいのですが
・申し上げにくいのですが
・あいにくですが

反論する

・お言葉を返すようですが
・失礼とは存じますが
・私の考えすぎかもしれませんが
・おっしゃることは重々承知しているのですが

注意する

・厳しいことを申し上げるようですが
・申し上げにくいのですが
・こちらの都合ばかりで申し訳ございませんが

電話応対の
基本

携帯電話・
スマホのマナー

携帯電話やスマートフォンが会社から支給される場合も
あるので、仕事で使う際のマナーを知っておきましょう。

お世話に
なっております

POINT

番号は安易に
教えないこと

会社支給の携帯電話なら教えても基本は
OKですが、それ以外は本人に確認します。

▶ 場所やタイミングにマナーが必要

どこでも連絡がとれる携帯電話ですが、騒がしい場所でかけるのはマ
ナー違反。相手が聞き取りづらいうえに、不特定多数の人がいると情
報漏洩にもつながります。静かな場所に移動してからかけましょう。

POINT 01　仕事に関係ないことには使わない

会社から支給されている携帯電話やスマホはあくまで業務用。例えば、会社からSNS運用を任されているわけでもないのに社用携帯でSNSを使ったり、ゲームなど仕事に関係のないアプリをダウンロードしたりするのはNGです。

POINT 02　携帯番号にかけてよいかは事前に確認しておく

名刺やメールに携帯番号が書いてあった場合は、はじめに「今後のご連絡はこちらの携帯番号にかけてもよいのでしょうか」などと確認しておきましょう。基本は会社の固定電話に連絡するのがマナーなので、いきなり携帯にかけるのは避けます。

POINT 03　基本はマナーモード。ルールを守って

マナーモード	電源オフ
・会議中	・飛行機内
・電車やバスの中	・病院
・車の運転中	・映画館、劇場、図書館
・レストラン	など
など	

社用の携帯電話はいつも持ち歩かないといけませんが、音が鳴ると周囲の迷惑になるので常にマナーモードにしておきましょう。また、バイブレーション音も響くことがあるので、電源自体を切るべき場所もあります。

まずは電話に
慣れる

どんなに電話が苦手でも、必要に迫られて数をこなせば必ずラクに対応できるようになります。まずは場数を踏み、電話に慣れることから始めましょう。

▶ 出れば出るほど慣れていく！

どんなことでも経験を積めば積むほど、慣れて上手にこなせるようになるものです。慣れないうちは「失敗したらどうしよう」と思うかもしれませんが、やればできると言い聞かせて積極的に出ましょう。

間違えたらどうしよう…　　▶

大きなミスを
防ぐことができる
チャンス

マイナス思考は失敗の元。ポジティブに変換することが大切です。もし、何か間違えてしまってもそれは無駄にはなりません。むしろ、その失敗経験が次の大きなミスを防ぐことにつながります。失敗は成長のチャンスだと思いましょう。

聞かれるのが恥ずかしい…　　▶

正しい対応に
修正できる
チャンス！

聞かれていると緊張してうまくできない人や、上司にどう思われているか心配な人は、「電話に自信がないので、アドバイスをください」と伝えてみるのも手です。自分では気づけなかった改善点を見つけてもらえれば、ラッキーです。

PART

2

電話を「受ける」基本

まずはあせらずに電話に出られるよう、
基本の受け方を身につけましょう。
感じのよい応対ができれば、
会社のイメージアップにつながります。
声や話し方だけで、信頼できる印象を持ってもらえるよう、
ハキハキと丁寧な言葉遣いを心がけましょう。

電話に出る前に

電話が突然かかってくるとあたふたしてしまいがちですが、忙しくてもいったん落ち着いて、心の準備をしましょう。

3コール以内に出るのがマナー

電話は3コール以内で出るのがマナー。それ以上鳴ってしまったら、「お待たせいたしました」と第一声で言いましょう。ただし、0コールで取ると相手を驚かせてしまうので、早すぎてもNG。

電話が鳴っても あせらずに

デスクはいつも きれいに メモは常に用意を

いつでもメモをとれるよう、電話を受ける前にメモとペンを用意。あせって探すなんてことがないよう、デスク周りは整理しましょう。

同じフロアの人の 予定を聞いておく

同じ部署の人や、よく電話がかかってくる人の予定を知っていれば、電話の相手を待たせずに済みます。上司が外出する日は、戻り時間を聞いておきましょう。

何時に会議があるか、
誰が休みかなど、
周りの状況を把握しよう!

基本の「受ける」流れ

電話を受ける際の応対はワンパターンで OK です。基本的な
流れさえ頭に入れておけば、身構える必要はありません。

スムーズな流れを把握しておこう!

電話を受けたら、まずは社名を名乗ります。相手が名乗ったら、社
名と名前を復唱し、名指し人に取り次ぐところまでが、受けてから
の基本的な流れです。

1. 電話を取って名乗る

「はい、○○商事でございます」などと社名を名乗ります。「もしもし」はビジネスでは NG。

↓

2. 相手の名前を復唱する

「○○社の山本様でいらっしゃいますね」と、所属と名前を復唱します。

↓

3. 名指し人へ取り次ぐ

「営業部の竹田でございますね。少々お待ちください」と言って、保留ボタンを押し、取り次ぎます。

↓

4. 名指し人が不在なら 用件を聞くか伝言を預かる

「代わりにご用件を伺いましょうか」「伝言をお伺いいたしましょうか」と提案します。

↓

5. 復唱して電話を切る

用件を聞いたら「○○ということですね」と復唱して確認し、「失礼いたします」と言って電話を切ります。

名乗る

相手の印象は電話から聞こえる第一声で決まります。
明るく、ハキハキと社名を名乗りましょう。

はい、○○社でございます

電話をとったら第一声は「はい、○○社でございます」と社名を名乗ります。「はい」のあとに一拍おくと、聞き取りやすくてさらによいでしょう。

POINT

3コール以上待たせてしまったら
「お待たせいたしました、（社名）でございます」

\ 10時より前なら /

> おはようございます。
> ○○社でございます

始業時間から10時までは朝の挨拶として「おはようございます」とつけるのがスマート。10時以降は通常の挨拶でOKです。

明るい
声で!

\ 電話をもらって
感謝するとき /

> お電話ありがとう
> ございます。
> ○○社でございます

サービスセンターやカスタマーサポートなど、お客様からの電話の場合は「お電話ありがとうございます」とつけます。

\ 内線電話の場合 /

> はい、
> 広報課の吉澤です

社内の内線電話では部署名と名前を言います。同じ部署内に同姓の人がいたら、フルネームで名乗ると親切です。

4 受けるとき

名前を復唱する

もし相手の社名や名前が聞き取れなくても、
丁寧に聞き直せば大丈夫です。必ず復唱して確認しましょう。

> ○○社の
> 山本様で
> いらっしゃいますね

聞き間違いがないよう、相手の社名、
名前を「○○様でいらっしゃいます
ね」と必ず復唱します。

POINT

相手の名前はメモに書いておこう!

電話を受けたら同時にメモの準備をします。間違えず取り次げるよう、聞きながら必ずメ
モするように心がけましょう。

相手が名乗ら
なかったとき

**失礼ですが
お名前を伺っても
よろしいですか**

社名、名前は取り次ぐ際に必須。もし、相手が名
乗ってくれなかったら「失礼ですが」「恐れ入り
ますが」などのクッション言葉を使って聞きましょ
う。

名前が聞き取れ
なかったとき

**恐れ入りますが、
もう一度お名前を
お聞かせ願えますか**

社名が聞き取れなかったときは、「もう一度御社
名をお聞かせ願えますか」と丁寧に聞き直します。
「おっしゃってください」はNG。

こんなときどうする？

復唱した名前を間違えて修正されたら
お詫びしましょう！

「大変失礼いたしました、
○○社の山本様でいらっしゃいますね」

受けるとき
5

挨拶をする

相手の会社名、名前を聞いたら
お世話になっている相手にしっかり挨拶をします。

> ## いつもお世話に
> なっております

「お世話になっております」は取引相
手に言う決まり文句です。「お世話様
です」は似た言葉ですが、ねぎらいの
意味があるので失礼にあたります。

POINT

初めての人でもこのフレーズを使おう

自分は初めて話す相手なのに「いつもお世話になっております」は違和感があるかもしれ
ません が、会社として付き合いがあるので誰に使っても OK です。

\最近会った人なら /

> 吉澤です。
> 先日はありがとう
> ございました

相手と最近会ったり、仕事をしたりしたときは、
自分も名乗ったうえでお礼を伝えると丁寧です。

\ よくかかってくる
電話なら /

> いつも
> 大変お世話に
> なっております

電話応対をしていると、よく電話をかけてくる相
手がわかってくるはず。そのような相手には「い
つも大変」とつけてより丁寧な言い方に。

POINT

挨拶するときには
頭を下げるとより丁寧に！

顔が見えずとも、電話の向こうで適当な姿
勢や振る舞いをしていると伝わってしまう
もの。反対に、電話口でお辞儀をすると相
手に敬意が伝わります。

取り次ぐ

取り次ぐ場合は、名指し人が在席しているか、不在かで対応が変わります。名指し人が別のフロアにいるときは内線で取り次ぎます。

> ## はい、営業部の竹田でございますね。少々お待ちください

取り次ぐ相手の名前を聞いたら、間違いがないよう部署名と名前を必ず復唱します。復唱後、保留ボタンを押して取り次ぎましょう。

POINT

身内の名前は呼び捨てにする

先輩や上司に取り次ぐ際に「○○部長ですね」など敬称をつけるのは NG。身内は呼び捨てで取り次ぎましょう（P25 参照）。

同じ部署に
同姓がいる場合

恐れ入りますが
竹田が2名おります。
竹田知子と竹田聡の
どちらにおつなぎしましょうか

同姓の人がいる場合は少なくありません。「恐れ入りますが」とクッション言葉をつけたうえで、どちらに取り次ぐかしっかり確認します。

保留ボタンを押して取り次ぐ

お電話
です。

竹田さん、○○社の
山本様より
お電話です。
よろしくお願いします

たとえ取り次ぎ相手が自分の近くにいたとしても、必ず保留ボタンを押してから取り次ぎます。社内の人に呼びかけるときは「○○さん」でOK。

（内線電話で取り次ぐ場合）
保留ボタンを押して、内線番号にかける

内線電話でほかの部署の人に取り次ぐときは、保留（または転送）ボタンを押して内線番号を押します。「お疲れ様です。広報の吉澤です。○○社の山本様よりお電話です」と伝えましょう。また、保留に複数の電話が入っているときは、名指し人が間違えないよう、「保留1番にお電話です」などと伝えます。※機種によって操作方法は異なります。

名指し人が不在なら

名指し人が必ず社内にいるとは限りません。不在の場合の
対応はいくつかあるので、パターンを覚えておきましょう。

申し訳ございません。
竹田はただいま、
席を外しております

名指し人が離席してい
たら、「ただいま席を
外しております」とい
う言い方に。「トイレ
へ…」など詳細を説明
する必要はありません。

POINT

相手にどのように対応するかを尋ねる

名指し人不在の状況を伝え、相手の意向を確認します。名指し人がすぐに戻りそうなら折
り返しを提案しますが、相手に「またこちらからかけます」と言われたら、「お手数をおか
けして申し訳ございません。よろしくお願いいたします」と言って切ります。

\ 名指し人が電話中なら /

あいにく竹田は、
ほかの電話に出ております。
終わり次第、
お電話いたしましょうか

名指し人が電話応対中であることを伝え、終わったらこちらから電話することを提案します。相手の番号も念のため聞いておきましょう。

あいにく竹田は、
外出しております。
3時には戻る予定ですが、
戻り次第、
お電話いたしましょうか

\ 名指し人が外出中のとき /

だいたいの帰社時間を伝え、戻り次第折り返し電話することを提案します。すでに退社している場合は「明日〇時に出社予定です」と伝えましょう。

\ 名指し人が休みのとき /

申し訳ございませんが、
竹田は本日、休みを
取っております。
お急ぎのご用件でしょうか

休みの場合は急ぎの案件かどうかを確認し、急ぎの場合は上司に対応を相談します。出張などで数日不在にする場合はいつ出社するか伝えます。

用件を聞く→ P53 へ

用件を聞く

名指し人の代わりに用件を聞く際は、まず名乗ってから
しっかりメモをとって正確に聞くことが大切です。

わたくし、吉澤と申しますが
差し支えなければ、
代わりにご用件を伺いましょうか

自分の名前を名乗り、
「差し支えなければ」と
断ったうえで相手の意
向を確認します。正確
にメモできるよう、す
ぐにペンと紙の準備を。

POINT

わからなければ無理して応対しない

用件を聞いたうえで、自分では対応できない問い合わせなどであれば「後ほど竹田から改
めてご連絡いたします」と折り返しを提案しましょう。もしくはその場で回答できそうな
上司などに代わってもらっても OK。

\ 伝言を預かるとき /

わたくし、
広報課の吉澤と申します。
よろしければご伝言を
お伺いいたしましょうか

自分の部署と名前を明かしたうえで、伝言を預かります。名乗ることで、自分が責任をもって伝言を受けるということを相手に伝えます。

POINT

あくまでも提案！

名指し人が休みでも「わたくしが代わりに伺います」と勝手に決める言い方はしません。

それでは伝言をお願い
してもいいですか?

かしこまりました。
それでは、竹田へ
確かに申し伝えます。
よろしくお願いいたします

「わかりました」ではなく「かしこまりました」、「言います」ではなく「申し伝えます」と適切な敬語を使うと好印象に。

9 / 受けるとき

メモをとる

聞きながらとったメモはそのまま渡さず、あとで整理して書き直します。
伝言の要点を意識して短くまとめましょう。

かしこまりました

５Ｗ２Ｈ（P77）を意識
しながら伝言を聞き、電
話の相手の会社名と名前、
折り返しが必要かなどを
簡潔にメモします。

メモすること

・会社名
・相手の名前
・折り返しが必要か

・折り返す電話番号
・電話を受けた日付と時間
・用件

54

それでは、伝言を
お願いします。
10日の打ち合わせ日時が
変更になりました。
15日水曜日の15時から
になります。
メールでも送りますので
ご確認くださいと、
お伝えいただけますか

基本の伝言メモの書き方

電話を受けた日時、名指し人の名前、相手の社名と名前、用件や伝言内容を書きます。
折り返しの連絡を頼まれたら、相手の電話番号も必ず聞いて記入します。

> 電話・伝言メモ
>
> 竹田さんへ
>
> ○× 社　山本 様
>
> 5 月 8 日（水）10時30分
>
> □電話がありました
> □電話をいただきたい
> 　（連絡先　　　　　　　　）
> □また電話します
> ☑下記伝言あり
>
> 10日の打ち合わせが
> 15日(水)15時〜に変更になります。
> メールをご確認ください。
> 　　　　　　　　　吉澤 受

「より伝わる伝言メモ」はP168へ

復唱する

伝言を正確に受け取ったことを相手にも確認してもらいましょう。
間違いがないよう、復唱してしっかり確認を。

かしこまりました。
10日の打ち合わせが
15日の15時からに
変更ですね

伝言されたことを簡潔に復唱して、
間違いがないか確認します。時間や
場所など、とくに重要なポイントは
必ず復唱しましょう。

POINT

復唱が間違っていたら訂正しよう
「大変失礼いたしました。正しくは16時ですね」

メールを確認して
ほしいと言われたとき

かしこまりました。
メールを確認する
よう伝えます

急ぎの用件でなくても、「はい、伝えておきます」のような言い方だと相手は安心できません。伝言内容はしっかり復唱を。

かしこまりました。
日程変更の件についてですね。
竹田が戻り次第、
申し伝えます。
恐れ入りますが、山本様の
ご連絡先をお聞かせ
いただけますか?

折り返しの電話が
ほしいと
言われたとき

折り返しの電話を頼まれたら、必ず相手の連絡先を聞きます。普段から連絡がくる相手でも、念のため聞きましょう。

必ず電話番号も復唱します!
「01 の、0000、0000 ですね」

挨拶して電話を切る

忙しくても、相手が電話を切るまで待ちます。「失礼いたします」
と挨拶し、相手が切ったら静かに受話器を置きましょう。

> わたくし、広報課の吉澤と申します。
> お電話ありがとうございました。
> 失礼いたします

伝言などを受けた際は相手から「失礼ですが、お名前は…」と聞かれることもあるので、聞かれる前に名乗ってから電話を切ります。

POINT

かけてきた相手が切ってから
切るのがマナー。静かに切ろう！

相手との話が終わったと思って、受話器を置く前に誰かと話し出したり、乱暴に受話器を置いたりするのは大変失礼です。相手が切ってから電話を切りましょう。

58

\ 伝言を預かったら /

わたくし、吉澤と申します。
山本様からのご伝言、
竹田が戻り次第申し伝えます。
ありがとうございました

名乗ったうえで、伝言を伝える旨を言って、最後に「失礼いたします」や「ありがとうございました」などの挨拶を添えると丁寧です。

かしこまりました。
わたくし、吉澤と申します。
山本様からお電話を
いただいた旨、申し伝えます

電話があったことを
伝えてほしいと
頼まれたら

電話を受けたことを伝えると言ってから挨拶し、切ります。電話を受けた責任者として、伝言内容が自分に関係なくても名乗りましょう。

\ クレームなどの場合 /

貴重なご意見ありがとう
ございました。
吉澤が承りました

クレームでも、会社にとっては貴重な意見。解決した場合はお礼の言葉を述べてから、対応した責任者として名前を言って切ります。

Column

知っていれば慌てない!

ケース 01 取り次ぐときに 電話を切ってしまった!

電話を間違えて切ってしまったときは、再ダイヤルボタンがあれば、すぐにかけ直し、「申し訳ございませんでした」と謝罪してから取り次ぎます。または、取り次ぐ相手に事情を説明し、すぐに電話をかけてもらいましょう。

ケース 02 相手の名前を 聞きそびれてしまった!

電話保留中に相手の名前を聞きそびれたことに気づいた場合、「もう一度お名前をお聞かせ願えますか」と確認します。電話を切って気づいた場合は、上司に正直に報告を。社名など、わかっている情報を伝えて対処してもらいます。

60

こんな トラブル ⚡ 対処法

ケース 03　誰もいない部署の電話が鳴っている!

かけてきた人にとっては、部署の違いなどは関係がありません。電話が鳴っていたら、気づかないふりをせず、必ず取ります。担当者不在の旨を伝えた上で、相手の連絡先を聞き、担当者に伝えて折り返してもらいます。

ケース 04　相手の電話番号を聞き忘れた!

相手の電話番号を聞き忘れるのは避けたいところ。ただ、社名がわかっているなら、ホームページなどで確認します。どうしてもわからない場合は、取り次ぐ相手に伝えれば、連絡先を知っている可能性もあります。

電話を「かける」
基本

電話をかける際は、
受けるときとは違って事前に準備ができるので、
用件メモを用意しておくと緊張せず話すことができます。
また、相手の時間を使っているということも意識して、
かけるタイミングを考え、
長く話しすぎないよう注意しましょう。

電話をかける前に

電話が苦手な人によくあるのが、順序を考えずに
話し始めてしまうことです。しっかり準備してからかけましょう。

▶ 慣れないうちはメモを見て話そう

電話をかける前に「何のために電話するのか」を考えましょう。何も
考えず電話すると用件を忘れてしどろもどろになったり、連絡事項に
漏れがあったりとミスにつながります。

▶ かける前にチェックを！

check! ✓ 資料やメモの準備を

こちらが用件を伝えるだけではなく、相手からも質問や相談があるかもしれません。受けるときと同様、かける前にメモとペンをしっかり準備しておきましょう。

check! ✓ かけてもいい時間かどうか

どの時間帯でも「今お電話よろしいでしょうか」と確認すると丁寧です。また、急ぎの場合を除いて、始業直後や終業直前、お昼は相手の迷惑になるので避けるのがマナーです。

check! ✓ 用件をまとめておく

「○○の打ち合わせについて」「日時：○月×日　場所：第一会議室」などと、伝えなければいけないことをまとめて書き出しておきます。漏れがないよう「いつ」「誰が」と5W2H（P77）を意識して書き出すとよいでしょう。

複雑な内容ならメールで

基本の「かける」流れ

相手の都合を考えすぎて電話をためらってしまう人もいますが、
用件が短くまとまっていれば、迷惑にはなりません。
話は簡潔にまとめましょう。

▶ 伝えたいことを短くまとめる

ダラダラと話し続けて相手の時間を奪うのは NG。電話は手短にまとめます。「○○の件ですが、今、お話ししてもよろしいでしょうか」と最初に何の用かを言って、順序立てて話します。

1. 電話をかける 相手の名刺などを見ながら、電話番号を間違えないよう押します。

↓

2. 名乗る 相手が出たら「○○社の田中です」と名乗り、「お世話になっております」と挨拶。

↓

3. 取り次ぎを依頼する 「恐れ入りますが、山本様はいらっしゃいますか」と名指しします。

↓

4. 用件を伝える

不在の場合は4つの方法がある →P86へ

↓

5. 用件を確認する

↓

6. 電話を切る

「お忙しい中、お時間をいただきありがとうございました。それでは失礼いたします」と挨拶して切ります。かけた側から切るのがマナーです。

3
かけるとき

電話をかける

間違い電話をしないよう、番号はしっかり確認を。
もし間違えてしまっても、無言で切ってはいけません(→ P124へ)。

POINT

相手が出ないからといってずっと鳴らすのはダメ

10コール以上鳴らしても相手が電話に出なかったり、留守電にならない場合、コールし続けるのは避けましょう。なかなか出ない場合は不在か忙しくしているということなので、延々と鳴らし続けると、迷惑をかけることになります。時間をおいてかけ直しましょう。

電話番号はすぐ準備できる
ようにしておこう!

・「電話帳」に登録しておく
・名刺ファイルを整えておく
・手帳に書いておく

チェック!

メールの署名欄で
電話番号を確認しよう

メールの署名欄には会社の電話番号、直通番号などが載っています。相手とメールのやりとりをしている場合は署名欄をチェック。

電話番号は
ディスプレイで確認

チェック!

03-3333-3333

押し間違えていないか
を確認しよう

確認しながら番号を押したら、電話のディスプレイで最終チェック。正しい電話番号が表示されているかどうかを確かめましょう。

4
かけるとき

名乗る

相手が「はい、○○社でございます」と言うのを最後まで聞いてから
名乗ります。聞き取りやすいよう、ハキハキと話すようにしましょう。

> お世話になっております。
> わたくし、○○社の田中と申します

POINT

相手が聞き取れるようにゆっくりと

緊張すると早口になりがちですが、相手が電話に出たらひと呼吸おいてから自分の会社名
と名前を名乗るようにしましょう。いつもよりワントーン高い声でゆっくりと話します。

\ 初めての相手なら /

突然のお電話
失礼いたします。
○○社の田中と申します

初めて電話をかける相手に「お世話になっており
ます」は違和感。「突然失礼いたします」「初めて
お電話いたします」などの挨拶がよいでしょう。

\ 最近お世話になった人 /

お世話になっております。
○○社の田中です。
先日はありがとう
ございました

最近会った相手や、仕事をした相手なら「先日は
ありがとうございました」とお世話になったこと
のお礼を添えます。

\ 社内の人なら /

お疲れ様です。
企画部の田中です

社内で内線電話をかける場合は、所属部署と名前
だけで OK。社内の場合、挨拶は「お疲れ様です」
が適切です。

取り次ぎを依頼する

電話に出てくれた人の時間を使っていることも意識し、
シンプルなフレーズで取り次ぎをお願いします。

恐れ入りますが、
広報部の山本様は
いらっしゃいますか

POINT

クッション言葉でやわらげよう

取り次いでもらいたい相手の部署名と名前を言います。「恐れ入りますが」とクッション言葉を添えると丁寧な印象です。

\ 同姓がいるとき /

**恐れ入りますが
広報部の山本和樹様は
いらっしゃいますか**

佐藤さん、鈴木さんなど同姓がいそうな人を名指しするときは、相手に確認される前にこちらからフルネームで言うと親切です。

\ より丁寧に言うとき /

**恐れ入りますが、
山本様はご在席ですか**

「ご在席ですか」は、出社しているのかどうかを遠回しに尋ねるフレーズ。取引先の相手に使う丁寧な言い方です。

\ 内線の場合 /

**竹田様におつなぎ
いただけますか**

社内でも他部署の場合は、「○○さん」ではなく「○○様」と敬称をつけ、「おつなぎいただけますか」と丁寧にお願いします。

担当者がわからないときには→P120 へ

相手が出たら挨拶

担当者に取り次いでもらって相手が電話に出たら、
挨拶をし、改めて自分の会社名と名前を名乗ります。

はい、
山本です

お世話になっております。
○○社の田中です

POINT

再び名乗って挨拶をします

取り次いでもらう前にも会社名と名前を名乗りましたが、名指し人に代わったら再度名乗って改めて挨拶するのがマナーです。

＼ 最近来てもらったときは ／

○○社の田中です。
先日はご足労いただきまして
ありがとうございました

最近打ち合わせなどで会社に来てくれた人には、
わざわざ来てくれたことに感謝する「ご足労いた
だき」という言い方でお礼を述べます。

＼ 忙しい時間帯のとき ／

お忙しいところ
失礼いたします。
○○社の田中です

連日電話している相手や、夕方の忙しい時間帯、
繁忙期だと思われるときには、「お忙しいところ
失礼いたします」を使っても。挨拶のバリエーシ
ョンとして覚えておいて。

POINT

本人が出たときも挨拶します

取り次ぎを依頼した相手が担当者本人だった場合は、あせらずに落ち着いて「○○様、お
世話になっております」と挨拶をしてから本題に入ります。第一声で名乗っているので、
名前は言わなくても構いません。

用件を伝える

挨拶したら、さっそく本題に入って OK です。相手の都合を
確認してから、まとめておいた用件を簡潔に伝えます。

○○の件ですが、今、
お話ししてもよろしいでしょうか

POINT

相手の都合を確認するフレーズ
「今お電話よろしいでしょうか」

用件は5W2Hで整理しておく

> 5月10日の打ち合わせの
> 件ですが、
> 15日に変更になりました。
> ご都合はいかがでしょうか

メモにまとめておこう

伝え漏れや間違いがあったらトラブルにつながるので、用件はメモにまとめておき、それを見ながら伝えます。

1	When	日時や期限。午前と午後の間違いに注意。	5	Why	なぜそうなったのか、原因や理由。
2	Where	場所を指定する場合は具体的に言います。	6	How	仕事をどのような方法で進めるかをまとめます。
3	Who	会社名、部署名、氏名は正確に。	7	How much	予算や費用。口頭だけではなく後日文面にも残しておきます。
4	What	何の用件で電話したのか、内容を簡潔に。			

\ 込み入った内容なら /

> ○○の件について
> メールをお送りしますので、
> ご確認くださいませ

複雑な内容は、電話で話されると相手も混乱します。何の件についてかおおまかに伝えたうえで、詳しくはメールで確認してほしいとお願いします。

用件を確認する

かけるときも受けるときも、電話を切る前に「○○ということですね」
と改めて用件を確認すると行き違いが起こりません。

それでは 15 日に
弊社の会議室で
お待ちしております

POINT

「わかりました」「了解です」はダメ

あいづちとして「わかりました」と言ってしまいがちですが、社外の人には「承知いたしました」「かしこまりました」を使います。「了解」も目上の人に使うのは不適切です。

\ 不明点を確認して /
もらうとき

> 当日についてご不明な
> 点がございましたら、
> わたくしか吉澤まで
> お問い合わせください

用件についてわからないことがある場合、誰へ問い合わせればよいのかを伝えておくと丁寧です。相手に安心感を与えることができます。

\ メールへの返信が /
ほしいとき

> ご確認いただき、のちほど
> メールにてお返事を
> いただけますでしょうか

相手がすぐに回答できない用件なら、メールで返事がほしいことを伝えます。その場合も、強い要求にならないよう丁寧に。

POINT

「～でお願いします」
「～でよろしいですね」

曖昧にせず確認をする

重要なことは曖昧な言い方をせず、はっきり言葉にしてお互いの認識を確認します。口頭だけだと不安な場合は、改めてメールなど文面で確認すると安心です。

電話を切る

用が済んだからといって、急いで切ると冷たい印象に。
丁寧に挨拶し、静かに受話器を置きましょう。

> お忙しい中、お時間をいただき
> ありがとうございました。
> それでは失礼いたします

POINT

挨拶後、ひと呼吸してから電話を切る

通話後は電話を静かに切るのがマナー。「失礼いたします」と挨拶をしたら、ひと呼吸おいてからそっと受話器を置きます。

\ 余韻を残した切り方 /

今後ともどうぞ
よろしくお願いします。
ありがとうございました

用件が終わってすぐ切るのではなく、今後の付き合いをお願いしたうえで、時間をとって話を聞いてくれたことのお礼を述べます。

POINT

ゆっくりと静かに電話を切ろう

◉ 手で押して切る

✕ すぐに切る

電話はかけた側が切るのがマナー。挨拶をして、ひと呼吸おいたらフックを手で押して切り、静かに受話器を置きましょう。

用件が終わったからといって、受話器を乱暴に置くのは相手に失礼です。受話器を置く前に話し出したりするのも相手に聞こえるので NG。

知っていれば慌てない！

ケース 01　取り次ぎ時に 電話を切られた！

保留中に電話が切れたら、すぐにこちらからかけ直します。「先ほどお電話した、○○社の田中です」と名乗ったあと、こちらに非はなくても「お電話が切れてしまったようで申し訳ございません」とお詫びし、改めて取り次いでもらいます。

ケース 02　相手が明らかに 忙しそうな口調

相手の声や周りの状況から、明らかに忙しそうな雰囲気を感じ取れたら、「こちらからかけ直します。ご都合のよい時間を教えていただけますか」と申し出ます。指定された時間に改めてかけ直しましょう。

こんな トラブル⚡対処法

〰〰〰〰〰〰〰〰〰〰〰〰〰〰〰〰〰〰〰

ケース 03　相手のペースにのまれ 用件を伝え忘れた！

うっかり伝え忘れてしまったら、すぐにかけ直して「何度も申し訳ございません。先ほどお伝えし忘れてしまった〇〇の件で再度お電話をいたしました」と用件を伝えます。

ケース 04　受付に電話が置いてある！ どのようにかけるべき？

受付に内線電話が置いてある会社もあります。担当者の内線番号を探し、ダイヤル。本人以外の人が出たら、名乗ってから「山本様と本日 14 時にお約束をしております」と伝えます。

PART

4

ケース別の
電話応対

厳しい口調でクレームを言われたり、
打ち合わせに遅れそうになったり、
ビジネスではさまざまな場面に直面します。
トラブルになりかねない状況でも、
誠意が伝わる丁寧な電話応対によって、
ピンチがチャンスに変わることも。
どんなときでも慌てずに電話応対が
できるように、フレーズを知っておきましょう。

かけた相手が不在

名指しをした相手が必ずしも電話に出られるとは限りません。
不在だった場合も慌てることなく対応できるようにしましょう。

すみませんが、
高橋は外出中でございます

どうしようかな……

不在の場合は4つの方法がある

1. かけ直す

名指し人が戻ってからでも問題ない用件なら、戻り時間を聞いてかけ直します。

2. 伝言を残す

相手と直接話さなくてもよい用件なら、電話に出てくれた相手に伝言をお願いします。

3. 折り返してもらう

相手とすれ違いが続いていたり、確実に相手と直接話したい用件なら折り返しの電話をお願いします。

4. 至急連絡をとりたい

緊急の用件があるときは、「大至急連絡をとりたい」旨を伝えます。乱暴な言い方にならないように注意。

88
ページ

＼ かけ直すとき ／

承知いたしました。それでは30分後に改めてお電話いたします

相手の戻り時間を聞いて、その時間にかけ直す旨を伝えます。戻り時間を確認するときは「○○様は何時頃にお戻りの予定でしょうか」と聞きましょう。

＼ 伝言をお願いするとき ／

それではお手数ですが、伝言をお願いしてもよろしいでしょうか。打ち合わせは15日に変更になりましたと、お伝えください

伝言は簡潔に伝えます。後でかけ直すときは「田中から電話があった旨お伝えいただけますでしょうか」と電話があったことを伝えてもらっても◎。

＼ 至急連絡をとりたいとき ／

恐れ入りますが、至急の用件がございますので、ご連絡方法を教えていただけないでしょうか

至急連絡をとりたいと、急ぎであることをしっかり伝えます。急ぎだからこそ丁寧な言い方でお願いすることを意識しましょう。

不在の相手に 折り返しを依頼

相手と直接話したいときは折り返しをお願いします。自分の
都合で相手に電話してもらうので、丁寧な言い方を心がけて。

高橋は席を外しております

それでは恐縮ですが、
お戻りになり次第
吉澤までご連絡を
いただけないでしょうか

▶ クッション言葉で丁寧に

折り返しをお願いするときは、「恐縮ですが」「お手数をおかけいたし
ますが」などのクッション言葉を使って、命令口調にならないように
します。

\ 時間を指定するとき /

> 申し訳ございませんが、
> 17 時頃までに吉澤まで
> ご連絡いただけ
> ないでしょうか

その日に外出予定や都合の悪い時間があるようなら、スムーズに連絡がつくように時刻を指定して折り返しをお願いしても構いません。こちらの都合なので「申し訳ございませんが」と断りを。

\ 折り返しを提案された /

> お手数をおかけしますが、
> よろしくお願いいたします

「お手数をおかけしますが」と断ったうえでお願いを。折り返しを断る場合は不躾な言い方にならないように。

折り返しがないときは

折り返しをお願いしたのに、一向に相手から連絡がない……。そんなときは待っていても仕方ないので、こちらから電話をかけましょう。ただし「折り返しをお願いしたのですが」と相手を非難するような言い方は NG。「お戻り」という表現を使うことで、遠回しに電話をかけていたことを伝えましょう。

> 高橋様は
> お戻り
> でしょうか

携帯電話の番号を聞かれた

会社から支給されている携帯電話なら番号を教えても問題ありませんが、個人の携帯電話番号は勝手に教えてはいけません。

竹田さんの
携帯電話の番号を
教えてもらえますか?

お急ぎのご用件でしょうか。
竹田に確認して、
改めてご連絡いたします

POINT

必ず確認をしてから教える

プライベートの携帯電話番号を本人に無断で教えるのはマナー違反です。ただ「教えられません」とストレートに言うのは失礼なので、確認してまた連絡する旨を伝えましょう。

\ 確認後に伝えるとき /

> お待たせいたしました。
> 竹田の携帯電話番号は、
> 070 – 0000 –
> 0000 です。
> よろしくお願いいたします

名指し人の確認がとれて、伝えても問題ないようなら改めて電話をかけ、電話番号を伝えます。番号を間違えないよう、注意深く伝えて。

\ 教えられないとき /

> 竹田へわたくしから連絡し、
> 折り返し電話をするように
> 申し伝えます

個人の携帯電話番号を教えられないと判断したら、名指し人に連絡をとり、本人から先方に電話してもらいます。

上司に確認するとき

自分だけで判断できないときは、必ず上司や先輩にどうすればよいか相談をして、指示を仰ぎます。自分だけで判断するのはトラブルの元です。営業職などで外出が多い人には、「急ぎの電話があったときは携帯電話番号を教えてもよいか」とあらかじめ確認をとっておくとスムーズに対応できるでしょう。

> 先ほど○○社の
> 山本様より連絡があり、
> 至急竹田さんと
> 連絡をとりたいそうです

ケース別 4

問い合わせを受ける

電話を受けていると、さまざまな問い合わせがあります。自分で回答できるもの、できないもの、どちらにしても丁寧に応対しましょう。

○○について
伺いたいのですが、
わかる方いらっしゃい
ますか…?

自分ではわからない

申し訳ございません。
担当者に確認し、
折り返しご連絡させて
いただきます

▶ わからなくてもあせらないで

自分ではわからないことでも「わかりません」とストレートに言うのは、失礼。担当者がその場にいたら代わってもらい、不在の場合は確認後に折り返すと伝えましょう。

\ 担当者がわかるとき /

その件につきましては、
総務部が担当ですので、
おつなぎします。
少々お待ちください

担当者がわかって、転送できる場合はすみやかに
転送します。担当者がわからない場合は保留にし
て上司などに確認後、つなぎます。

恐れ入りますが、
お客様相談センターの
電話番号を申し上げますので、
おかけ直しいただけない
でしょうか。
お手数をおかけして、
申し訳ございません

\ 他部署にかけ
直してもらうとき /

こちらから転送できない場合は、担当部署を伝え
たうえで相手にかけ直してもらいます。相手に面
倒をかけるので、丁重にお願いします。

\ 内容を確認するとき /

お問い合わせ内容は、
○○ということで
よろしいでしょうか

自分ではわからない内容でも、担当者に正確に伝
える必要があるので、相手の話をよく聞いて、要
点を復唱します。

問い合わせをする

問い合わせる電話には、回りくどい表現や前置きは
必要ありません。簡潔に問い合わせ内容を伝えましょう。

先ほどのメールの件で、
確認したいことがございます。
今、よろしいでしょうか

▶ 相手の都合を確認することが大切

最初に「メールの件で」「打ち合わせの件で」などと、何の件で問い
合わせたのかを簡潔に伝えます。一方的に話し始めず、相手の都合を
確認し、了承を得てから本題に入ります。

＼ 担当者がわからないとき ／

○○について教えて
いただきたいのですが、
ご担当の方におつなぎ
いただけますか

「○○の見積もりの件」「○○の商品の件」など、
明確に内容を伝えます。担当者にスムーズにつな
いでもらうためにも、わかりやすく伝えることを
心がけて。

わたくし、○○社の
吉澤と申します。
山本様のご紹介で、
お電話いたしました

＼ 紹介してもらったとき ／

最初に紹介してくれた人の名前を出して、相手に
安心感を与えます。紹介してくれた人の失礼にな
らないよう、丁寧に話しましょう。

＼ メールが届いたか、
確認する ／

先ほどお送りしましたが、
お手元に届いて
いますでしょうか

メールを確認するまで時間がかかることもありま
す。急ぎの案件の場合は、メールを送った後電話
で確認すると安心です。

予約や注文を受ける・断る

商品の予約や注文は、聞き間違いなどがあるとトラブルになる
おそれも。相手が急いでいても、正確に受けることが大切です。

○○を注文したい
のですが…

お問い合わせ
ありがとうございます。
ご希望の個数を、
教えていただけますか

まずは商品の注文へのお礼を伝えます。
そして、希望の個数を聞き、在庫がある
かどうか確認します。

ものの注文

商品の注文を受けた場合は、相手
が「どの商品」を「何個」必要かを
聞くことが大切です。似ている名
前の商品もあるので商品名は正確
に聞き、個数も間違いないように。

日程の予約

日程の予約を受けた場合は、日時
を正確に聞き取らなければなりま
せん。予約日時を聞いたら、「確
認いたします」と断って、予約で
きるかどうか確認します。

\ 確認するとき /

確認いたしますので、
少々お待ちください

相手の要望を聞いたら、予約や注文が受けられる
かどうか確認します。必ず保留ボタンを押して、
相手を待たせないよう迅速に対応します。

お名前とご連絡先を
伺ってもよろしい
でしょうか

\ 受け付けたとき /

田中が承りました

注文や予約を受ける際は、必ず相手の名前と連絡
先を聞くのを忘れずに。また、自分の名前も必ず
相手に伝えます。

\ 断るとき /

申し訳ございませんが、
そちらの商品は品切れと
なっております。代わりに、
○○はいかがでしょうか？

相手の希望する商品の在庫がない場合「申し訳ご
ざいません」と謝ったうえで似た商品の提案をす
るか、再入荷の予定を伝えます。

ケース別　7

アポイントをとる

面談の約束をとりつけるときは、
訪問の目的や所要時間を相手に伝え、日程の調整をします。

お世話になっております。
○○社の吉澤でございます。
○○の件で御社にお伺いしたいのですが、
30分ほどお時間をいただけないでしょうか

POINT

自分や同行者の都合を把握しておく

電話をかけてから慌てることがないように、最低でも2週間先くらいまで、自分や同行者
のスケジュールを正確に把握しておきましょう。

＼ 日程を提案する ／

来週は5日と、
10日以外でしたら、
都合がよいのですが、
いかがでしょうか

日程を調整する際はこちらから日時をいくつか提示して、相手に選んでもらうとスムーズに決まります。候補日は複数提示したほうが親切です。

それでは、
4月3日10時に、
わたくしと田中の2名で
お伺いいたします。
よろしくお願いいたします

＼ 確認する ／

相手の都合のよい日時を選んでもらったら、電話を切る前に復唱して間違いがないよう双方で確認します。

＼ メールでやりとり
したいとき ／

場所については
メールにてお送り
しますので、
ご確認くださいませ

口頭で日程の確認をしたうえで、改めてメールでも送って記録に残しておきましょう。日時、場所、同行者、面談内容などを記述します。

アポイントを変更する

やむを得ず、一度決まった日程を変更しなければ
ならない場合は、丁寧にお詫びして変更をお願いしましょう。

> 誠に申し訳ございませんが、
> 打ち合わせの日にちを
> 変更させていただけないでしょうか

▶ こちらの都合なので、
まずはお詫びをする

一度決まった予定の変更は気軽にお願いできることではありません。
「大変申し上げにくいのですが」「申し訳ございませんが」とクッショ
ン言葉を使って、日程の変更をお願いします。

＼ 日時を提案するとき ／

> 勝手を申しまして、
> 大変恐縮です。
> 4 日はご都合
> いかがでしょうか

代わりの日時を提案するときも、申し訳ないという気持ちを必ず伝えます。そのうえでこちらから新たな日時を提示して相手の都合を確認します。

相手に決めてもらう

「こちらは 5 日以外でしたら、
空いておりますが、
ご都合いかがでしょうか」

メールで調整したい

「改めて調整させて
いただきたいので、
メールにて、都合のよい日を
教えていただけ
ないでしょうか」

> それでは 4 日に、
> お伺いいたします。
> こちらの都合で
> 申し訳ございません。
> 当日はよろしく
> お願いいたします

＼ 電話を切るとき ／

相手に調整してもらい、新たなアポイントの日程が決定したら「○日に」と復唱して確認。改めて謝罪をしてから電話を切ります。

お詫びする

相手に多大な迷惑をかけた場合は直接会って気持ちを
伝えるのがマナーですが、まずは電話ですぐに謝罪しましょう。

このたびは、
ご迷惑をおかけして
申し訳ございません

▶ まずは電話をして謝ろう

お詫びは迅速にするべきなので、まずは口頭で誠意をもって謝ります。
「ですが、こちらにも事情が…」などと言い訳するのは厳禁。こちらの
非を認めて謝罪しましょう。

＼ 自社に非があるとき ／

わたくしどもの
不手際で
申し訳ございません

商品の個数の違いなど、こちらのミスで迷惑をかけた場合に。自分自身に非がなくても、会社の代表としてお詫びします。

＼ 配慮不足だったとき ／

考えが及ばず
申し訳ございません

配慮が足らず、相手を不快な気持ちにさせてしまったときに。「考えが及ばず」という言い方で、こちらに非があることを伝えます。

＼ 確認不足だったとき ／

確認を怠っておりました。
大変申し訳ございません

「ちゃんと確認していませんでした」をビジネスでは「確認を怠っておりました」と言い換えて、自分の不注意を謝ります。

103

約束に遅れる連絡

約束に遅れるのは厳禁ですが、交通状況などやむを得ない事情で
遅れてしまうことも。少しでも遅れそうならすみやかに連絡しましょう。

○○社の吉澤です。
電車が遅れておりお約束の時間に
5分ほど遅れてしまいそうです。
ご迷惑をおかけして、
申し訳ございません。よろしくお願いします

▶ 5分でも遅れそうなら、連絡を

遅刻は失礼なので、余裕を持って出発する、ルートや道順を確認する
などの入念な準備が必要です。5分でも遅れそうならわかった時点で
すみやかに連絡し、お詫びして到着予定時刻も伝えましょう。

\ 道に迷って遅れそうなとき /

申し訳ございません。
道に迷ってしまい、
お約束の時間に
遅れてしまいそうです。
急ぎ向かいますので、
お待ちくださいませ

道に迷ったときは、遅れる理由を正直に伝えます。相手に目印などを教えてもらい、なるべく早く到着することを目指しましょう。

申し訳ございませんが、
お約束の時間に遅れて
しまいそうです。
打ち合わせの時間を、
30分後に変更して
いただけないでしょうか

\ 時間をずらしてもらうとき /

大幅に遅刻してしまいそうなときは、アポイントの時間を変更してもらったほうが相手の迷惑になりません。変更時間は相手の都合に合わせましょう。

到着したら改めて謝罪しよう

先方はアポイントのためにスケジュールを調整しています。電話で謝ったうえで、到着したら改めて「誠に申し訳ございませんでした」と誠心誠意謝罪しましょう。

「ご迷惑をおかけして、
申し訳ございませんでした」
「お待たせしてしまい、
申し訳ございません」

クレームの対応

クレームの電話を受けたら、相手の気持ちを尊重することが
何より大切です。反論せず、まずは不快にさせたことを謝ります。

おたくの商品
すごく使いづらい
んですが…

このたびは
ご迷惑をおかけして
申し訳ございません

▶ 不快にさせたことを謝る

まずはクレームの内容ではなく、相手に不快な思いをさせたことに対
して謝罪します。相手が感情的になっている場合も、慌てずに、まず
は心からお詫びの気持ちを伝えます。

POINT

クレーム電話での心得

1. 反論しない

相手の言い分が間違っていたとしても、反論するのは逆効果。まずは相手の気持ちに寄り添って、言い分を聞きます。

2.「絶対」と言わない

相手の怒りを収めたくても、軽はずみに「絶対」「確実に」などの言葉を使うのは危険。不当な要求につながるおそれがあります。

3. 相手の話の腰を折らない

いくら謝罪が大切でも、相手の話を遮ってお詫びするのはNG。早く切りたいという気持ちが伝わってしまいます。

4. 心から謝る

フレーズを間違いなく言うよりも、気持ちを込めて心から謝罪することが大切です。口だけという印象はかえって相手を怒らせます。

［ クレーム電話の対処の流れ ］

1. まず謝る
　↓
2. 相手の意見を聞く
　↓
3. 解決の糸口を見つける ──┬ ① 対処法を相手に聞く
　↓　　　　　　　　　　　 ├ ② 対応の仕方を提案
4. 相手の会社名、
　 連絡先を確認する　　　 └ ③ 相手に解決策を
　↓　　　　　　　　　　　　　　 選んでもらう
5. もう一度謝る
　↓
6. 電話を切る

相手の怒りを収めるためにも、相手の話をしっかり聞いて内容を整理しながら解決策を見つけます。最後に謝罪するのも忘れずに。

\ 基本の謝り方 /

> ご不快な思いを
> させてしまい、
> 大変申し訳ございません

不快な思いをさせたことを謝ります。ただ、この
フレーズをひたすらくり返して平謝りしたり、
「全て当社の責任です」などと言うとトラブルに
つながるおそれもあるので、注意を。

\ 商品のクレームのとき /

> いつも弊社の商品を
> ご利用いただき、
> ありがとうございます。
> ご不便をおかけして
> 申し訳ございませんでした

まずは自社の商品を使ってくれたことに対してお
礼を述べ、お詫びします。「ご不便をおかけし
て」とつけることで何に謝っているのかを明確に
します。

\ 詳細を確認する /

> 恐れ入りますが、
> そのときの状況を
> 教えていただけ
> ますでしょうか

解決策を見つけるには、クレームの詳細を知るこ
とが大切です。「恐れ入りますが」「お手数です
が」とクッション言葉をつけて丁寧に聞き出しま
す。

\ 対応の仕方を提案 /

申し訳ございません。
それでは着払いで
返品いただき、
新しい商品をお送りする
形でいかがでしょうか

対処方法をこちらから提案するときは勝手に決め
つけず、必ず「いかがでしょうか」と相手の意向
を聞きます。押し付けがましい印象にならないよ
うに。

\ 対処法を相手に聞く /

申し訳ございません。
具体的にはどのような
対応をお望みでしょうか

クレームの内容を聞いて整理したうえで、相手の
希望する方法がわからなかったら、相手の望む対
処方法を直接聞きます。

\ わからないとき /

申し訳ございませんが、
担当者より改めて
ご連絡いたします

対処方法がわからないときは、無理して自分でな
んとかせず上司などに相談を。必ず相手の連絡先
を聞いて折り返しを約束します。

相手を落ち着かせるフレーズ

・お知らせいただきありがとうございます
・おっしゃる通りだと思います

催促する

言いづらくても、きちんと催促するべきときは電話をかけましょう。
ただし、一方的に相手を責めるような言い方にならないように。

まだお返事をいただけて
いないようです。
ご確認いただけますでしょうか

▶ 依頼をするような形で伝える

「メールをしたんですが、返事はまだですか」というような高圧的な
言い方は相手に失礼です。こちらの確認不足の可能性もあるので、
「恐れ入りますがご確認いただけますでしょうか」とやわらかい言い
方を。

\ 届くはずのものが
来ていないとき /

> すでにお送り
> いただいておりましたら
> 申し訳ございません。
> ご確認いただけ
> ないでしょうか

「届いていないのですが」と言うと相手に非があると決めつけた言い方になります。行き違いの可能性もあるので低姿勢でお願いしましょう。

\ 急いで対応してほしいとき /

> お忙しいところ
> 大変恐縮なのですが、
> ご確認いただけ
> ないでしょうか

急ぎの案件だと、より相手を責める言い方になりがちなので注意。「お忙しいところ恐縮ですが」とクッション言葉を使って丁寧に。

POINT

切る前にひと言添える

お願いをしたら電話を切る前に「お忙しいなか、お手数をおかけしますが」「ご多用中申し訳ございませんが」などと相手を気遣う一言を添えると、催促したという印象にならず丁寧です。

「お手数を
おかけしますが
よろしくお願いいたします」

ケース別　13

お礼をする

お礼の気持ちはできるだけ早く伝えたいものです。
日をあけず、迅速に感謝を伝えましょう。

> ひと言お礼を申し上げたくて
> お電話いたしました

POINT

「すみません」はダメ

つい「すみません」が口癖になって、多用
してしまいがちですが、「すみません」で
は感謝の気持ちは伝わりません。

「ご苦労様でした」はダメ

「ご苦労様」は目上の人からねぎらいの気
持ちを込めて使う言葉。取引相手に使うの
は失礼にあたります。

\ 人を紹介して もらったとき /

先日ご紹介いただいた、
木村様にお会いできました。
よい方をご紹介いただき、
感謝いたします

すぐに紹介してくれた人に報告を。紹介のお礼を
伝え、「今後の仕事につながりそうです」などと
ひと言添えると気持ちが伝わります。

\ 贈り物をされたとき /

結構なお品をいただき、
ありがとうございました

受け取ったらすぐにお礼を伝えます。「心のこも
った○○をちょうだいし、ありがとうございまし
た」とも言い換えられます。

\ 自社に来てもらったあと /

先日はご足労
いただきまして
ありがとうございました

「ご足労」は「わざわざお越しいただく」という
意味です。相手が自社を訪問してくれたことに対
して丁寧にお礼を伝えます。

褒められた

褒められたら、素直に嬉しい気持ちを表現することが
その後の良好な関係につながります。

感じのいい
電話ですね

とんでもない
ことでございます。
ありがとうございます

▶ 謙遜しすぎるのは失礼

「いやいや、私なんて全然だめです」「そんなことないです」などと、
謙遜しすぎるのはあまりよい印象を与えません。褒め言葉は素直に受
け取って感謝を伝えましょう。

\ 仕事ぶりを褒められたら /

お褒めいただきまして
ありがとうございます。
励みになります

褒めてくれたことに対して心からお礼を伝えます。
「励みになります」は褒め言葉への上手な返し方
のひとつなので覚えておくとよいでしょう。

「頑張ったね」と
言われたら

山本様のお力が
あってのことです。
ありがとうございます

「○○様のアドバイスのおかげです」「○○様の
お力添えのおかげです」などと言えば、褒めてく
れた相手もよい気持ちになります。

相手を褒めるときは

上から目線に注意!

目上の人を褒めるときは、部下を褒める
ような言い方にならないように注意しま
す。「さすが」ではなく「勉強になりま
す」「感銘を受けております」など、丁
寧な言い方で敬意を伝えましょう。

「とても素晴らしいご経験を
なさっていますね」
「○○さんのように頼られる
存在になりたいです」

お断りする

せっかくの依頼や誘いを断るのは心苦しいもの。相手を不愉快な
気持ちにさせないよう、角が立たない言い方を心がけましょう。

大変心苦しいのですが
今回は見送らせていただきます

▶ 必ずクッション言葉をつけて話そう

曖昧な態度は NG ですが、「できません」「無理です」などとストレー
トに言うのは相手に失礼。今後の良好な関係のためにも、「残念です
が」「申し訳ございませんが」などとクッション言葉を使って断りま
しょう。

\ 仕事の依頼を断るとき /

お気持ちはありがたい
のですが、今回は
お受けいたしかねます

仕事を依頼してくれたことへの感謝を添えて断り
ます。「今回は」とつけることで、次の機会があ
ることを示唆しましょう。

\ 日程が合わず断るとき /

あいにくですが、
その日はほかの
予定がございます

「その日は無理です」などと言い切ると、不快な
気持ちにさせてしまいます。都合が悪いときに使
う「あいにく」を添えて、断る理由も述べます。

\ 検討後に断るとき /

申し訳ございません。
○○の件ですが、
社内で協議した結果、
今回は見合わせる
ことになりました

その場で相手の要望をはねのけても相手は納得で
きません。「社内で協議した結果…」と十分に検
討を重ねたうえで断ることを伝えます。

ケース別　16

営業電話の断り方

営業電話はよくかかってくるもの。新入社員のときは自分で判断
しないほうがよいので、あらかじめ対応方法を確認しておきましょう。

> そういったご案内は
> お断りするように言われて
> おります。ご了承ください

▶ 失礼にならないようにうまく断る

営業電話だからといって失礼な態度は NG ですが、長々と相手の営業
トークを聞いたり、上司に取り次いだりするのはもっと NG。営業電
話の断り方の常とう句を覚えておきましょう。

\ 内容を尋ねるとき /

恐れ入りますが、どのようなご用件でしょうか

営業電話と間違えて普段やりとりのある取引先の電話を切ってしまうと大変失礼。まずは用件を確認して取り次ぐべきか判断しましょう。

\ 面談などを断るとき /

申し訳ございませんが、今後必要になればこちらからご連絡いたします

今は断るとしても、今後仕事でお付き合いする可能性もあります。冷たく断らず、クッション言葉を使いながら丁寧に断ることを心がけましょう。

\ 相手が営業トークをやめないとき /

お話中に申し訳ございませんが、失礼させていただきます

相手の話中にいきなり電話を切ると会社のイメージダウンにもつながります。「お話中申し訳ございません」と一言おいてから切るとよいでしょう。

担当者がわからない

仕事をしていると担当者がわからないというケースに多々遭遇します。慌てないよう、スムーズな取り次ぎ方・かけ方を覚えましょう。

> この番号から
> お電話をいただいた
> ようなのですが…

受けたとき

> 確認いたします。
> 御社名とお名前を
> 教えていただけますか

▶ まずは相手の会社名と名前を確認

相手の名前を確認しないまま、用件だけで取り次ごうとしても担当者は見つかりません。そのうえ相手を待たせてしまいます。スムーズに担当者を探せるように、相手の会社名と名前は必ず確認しましょう。

\ 部署だけわかったとき /

ご担当の方
いらっしゃいますか

お電話ありがとうございます。
その件でしたら、人事部が
担当しております。人事部の
電話番号をお知らせします

相手の話を聞いて担当の部署がわかったら、直接
その部署にかけてもらいましょう。その場合、か
け直す先の電話番号もしっかり伝えてください。

かけるとき

○○の件について
お伺いしたいのですが、
ご担当の方におつなぎ
いただけますでしょうか

自分から電話をかけるときに担当者がわからない
場合は、何についての電話かを伝えて相手がスム
ーズに取り次げるようにしましょう。

POINT

困ったら折り返そう

思い当たる担当者がいないなど、判断に迷
った場合は、用件や連絡先を聞き、電話を
折り返す提案をしてもよいでしょう。

こんな言葉も OK

・「どのようなご用件でしょうか」
・「確認し、担当者から折り返しお電話い
　たします」

121

相手が名乗らない

相手がいきなり話し始めると電話を取った側は慌ててしまいます。
相手のペースにのまれず、落ち着いて対応しましょう。

○○の件ですが、
×××と聞いた
のですが
どうすればよいでしょうか

○○の件ですね。
失礼ですが、
御社名とお名前を
伺ってもよろしい
でしょうか

▶ 会話を始める前に確認する

いきなり用件から話が始まると慌てて大事な点も聞き逃してしまいます。まずは、落ち着いて会社名と名前の確認を。「失礼ですが」「恐れ入りますが」とクッション言葉をつけるとよいでしょう。

\ 相手が名乗らないとき /

わたくし、田中と申します。
恐れ入りますが、
お名前を伺えます
でしょうか

電話ではお互いに名乗るのがマナーです。自分の
名前を名乗ってからだと、相手にも確認しやすく
なります。

\ 会社名がわからないとき /

恐れ入りますが、
どちらの山田様でしょうか

名前だけ確認が取れても、別の会社に同姓の人が
いる場合も。無用なトラブルを避けるためにも会
社名は確認しておきましょう。

\ セールス?と感じたら /

失礼ですが、
どのようなご用件
でしょうか

POINT

取り次ぐべきか判断を

「わからないからとりあえず取り次ぐ」の
は NG。名前と用件を確認します。

123

間違い電話をかけた

間違い電話をかけてしまったら、まずは謝罪を。
万が一のために、失礼にならない対応を知っておきましょう。

大変失礼いたしました。
番号を間違えてかけてしまいました。
失礼いたします

POINT

無言で切るのはタブー

無言で切れば相手にばれないだろうなんて考えはもってのほか。ビジネスフォンでも、着信履歴でどこからきた電話か分かるようになっているので、謝罪をしてから切りましょう。

違う取引先に
かけたとき

○○社の田中です。
間違えてかけてしまいました。
大変失礼しました

取引先に間違い電話をかけたときは、名乗ってから謝罪を。「失礼いたしました」と謝罪の気持ちを伝えるのがマナーです。

相手の電話番号を
確認する

恐れ入りますが、
そちらは 03-0000-
0000 では
ございませんか

教えてもらった電話番号が間違っていた可能性もあります。かけた番号と相手の電話番号を確認し、間違いを確認したら丁寧に謝罪をして切りましょう。

携帯電話への
かけ間違いのとき

失礼ですが、
山本様のお電話では
ないでしょうか

携帯電話にかける場合、相手が名乗らないときもあります。まずは相手の名前を確認し、間違えていた場合は謝罪をして電話を切りましょう。

1日に何度もかける

同じ人に毎回「お世話になっております」の挨拶では違和感が
あります。相手に何度も時間をとらせることを謝る挨拶を加えて。

▶ ひと言謝ってから本題に入ろう

確認をし忘れていたり、別の用件があったりと、同じ人に何度もかけ
る場合は、まず「何度もかけてしまって申し訳ない」という気持ちを
伝えてから、本題に入ります。

\ すぐにかけ直すとき /

先ほど電話を切った
ばかりなのに、
申し訳ございません。
1点確認したいのですが…

前回の電話で伝えそびれてしまったことに対して、
謝るひと言をつけると丁寧です。相手の時間を奪
うことになるので、用件は1回で済ませましょう。

\ より丁寧に言うとき /

お忙しいところ
たびたびご連絡をして、
申し訳ございません

「お忙しいところ」と、相手をねぎらうひと言を
つけてから謝るようにすると、より丁寧な印象を
与えられます。

\ あとでもう一度
かけたいとき /

確認し、のちほどもう一度
お電話を差し上げても
よろしいでしょうか

何か確認をしてから改めてかけ直すときには、予
めかけてよいかを聞いておきましょう。相手も準
備をして待つことができます。

ケース別　21

相手が急いでいる・話が長い

それぞれの都合で電話を切らないければいけないときも、
相手が気分を害さないようにふるまいます。

すみません、
ちょっと急ぎの用事が
あって…

失礼いたしました。
それでは、
のちほどかけ直します

▶ 失礼にならないようさりげなく切る

相手が急いでいる様子だと、つい早口になったり、雑な切り方をして
しまいがちです。丁寧に返事をして、かけ直す旨を伝えましょう。

128

あとにしてくれと
言われたとき

> 何時頃でしたら
> お電話を差し上げても
> よろしいでしょうか

相手が忙しくない時間を聞いて、かけ直す旨を伝えると、より丁寧です。または、「メールにてご連絡します」としてもよいでしょう。

長電話を切りたいとき

> 申し訳ございません。
> 来客がありますので、
> のちほど改めてご連絡
> させていただきます

相手の話が長くて切りたいときは、「忙しいので」と言うよりも、「このあとに予定がある」ということを理由にしたほうが、スマートに話を切り上げられます。

POINT

やっかいな電話を上司に
バトンタッチするとき

話をなかなか切り上げられない場合は、経験豊富な上司に代わってもらうのも手です。タイミングをみて「少々お待ちください」と伝えて保留し、上司に対応をお願いしましょう。ただし、待たせすぎないように注意しましょう。

道案内をする

来社予定の人が道に迷ってしまった場合、
わかりやすく具体的に電話で道案内をする必要があります。

近くまで来てると
思うのですが…

何か目印に
なるようなものは、
ございますか

POINT

来客には事前に目印を伝えておくのも◎

来社が決まったら、事前にメールで、会社に来るまでの目印などを伝えておくと親切です。
相手の交通手段に合わせて伝える内容を変えるとなおよいでしょう。

\ 目印を示すとき /

そこからまっすぐ
3 分ほど歩いていただき、
花屋のとなりが弊社です

まずは相手の現在位置を確認。南や北など方角で
説明するのではなく、店舗などの目印や分数を混
ぜながら説明するとわかりやすいです。

2 つ目の信号を
右折していただくと、
弊社がございます。
社の駐車場を
ご利用ください

\ 車での来客に
伝えるとき /

一方通行の道などに配慮し、信号など車内から見
た目印を用いて案内します。駐車場の指定がある
場合も、伝えるとより丁寧です。

\ 道案内の終わりに /

わたくし田中と申します。
途中で迷われましたら、
またご連絡ください。
お待ちしております

電話で伝えただけでは、わからない場合もありま
す。「わからなければ気軽に連絡してください」
という主旨の言葉を添えると、丁寧な印象になり
ます。

名前を聞く・伝える

人の名前を間違えるのは失礼にあたります。電話口で聞いた
名前は、表記を間違えることがあるので、詳しく確認を。

自分の名前を伝える

> わたくしは、吉澤友香と申します。
> 大吉の吉に、ざわはさんずいに、
> 漢数字の四の下に幸（しあわせ）です。
> ともだちの友と香りで、ゆうかです

▶ 名前は正確に伝わるようにする

口頭では伝わりづらい表記は、誰もが知っている言葉や表現で伝えま
しょう。難しい漢字なら、有名な言葉を引用したり、文字を分解して
説明し、正しく伝わるようにします。

＼ 名前が読みにくいとき ／

> イガラシは、数字の
> 五と十に、山かんむりに
> 下が風と書きます

自分の名字が難読の場合、どんな相手にでも伝わる表現を決めておくと、いつ尋ねられても慌てません。相手に恥をかかせない気遣いにもなります。

＼ 相手の名前を確認する ／

> 失礼ですが、
> サカシタ様の漢字は
> どのように書くのでしょうか

> さかは坂道の坂と、
> 大阪の阪の
> どちらでしょうか

ひとつの文字に漢字や読み方がいくつかある場合は、確認するようにします。都道府県名など共通認識の文字で確認すると伝わりやすいでしょう。

POINT

伝えづらければ、カタカナでも

漢字の表記では伝えづらい、ややこしいという場合は、カタカナで表記してもらうことを提案するのもひとつの手。説明のために無駄に時間をかけることもありません。

「漢字では
伝えづらいので、
カタカナ表記で
お送りください」

漢字の説明リスト

部首名、有名人、その漢字を使った熟語など、
相手と共通認識を持っている言葉を使って説明しましょう。

阿
読み	あ
部首	こざとへん
説明	

□ 阿修羅（あしゅら）像のア
□ こざとへんに可能のカ

安
読み	あ
部首	うかんむり
説明	

□ 安全のアン
□ うかんむりに女

宇
読み	う
部首	うかんむり
説明	

□ 宇宙のウ
□ 宇多田ヒカルのウ

榎
読み	えの、えのき
部首	きへん
説明	

□ きへんに夏

河
読み	か、かわ、こう
部首	さんずい
説明	

□ さんずいの方のカワ
□ 河童（かっぱ）のカ

樹
読み	いつき、き、じゅ
部首	きへん
説明	

□ 樹木のジュ

佳
読み	か、けい、よし
部首	にんべん
説明	

□ 佳作（かさく）のカ
□ にんべんに土が2つ

紗
読み	さ
部首	いとへん
説明	

□ いとへんに少ないのサ

﨑
読み	さき（ざき）
部首	やまへん
説明	

□ 「たつさき」
□ 「大」ではなくて「立」のさき

澤
読み	さわ（ざわ）
部首	さんずい
説明	

□ さんずいに漢数字の
　四と「幸せ」

134

篠
読み	しの
部首	たけかんむり
説明	

□ 秋篠宮家のシノ

慎
読み	しん
部首	りっしんべん
説明	

□ 慎重のシン
□ つつしむのシン

介
読み	かい、すけ
部首	ひとやね
説明	

□ 介抱のカイ
□ 介護のカイ

冨
読み	とみ、ふ
部首	わかんむり
説明	

□ 点がない方の、わかんむり
　のトミ

朋
読み	とも、ほう
部首	つきへん
説明	

□ 月が2つ

永
読み	えい、なが
部首	みず
説明	

□ 永久のエイ
□ 永遠のエイ

濱
読み	はま
部首	さんずい
説明	

□ さんずいに主賓のヒン

眞
読み	しん、ま、まこと
部首	め
説明	

□「直」の十をカタカナの「ヒ」にし
　て、下にカタカナの「ハ」をつける

哉
読み	や、かな
部首	ほこづくり
説明	

□ 木村拓哉のヤ
□「裁判所」の「裁」の「衣」の部分が「口」

莉
読み	り、りん
部首	くさかんむり
説明	

□ くさかんむりの下が「利用」
　のリ

祐
読み	すけ、ゆ、ゆう
部首	しめすへん
説明	

□ しめすへんに右

朗
読み	あきら、ろう
部首	つきへん
説明	

□ 朗読のロウ □ 朗報のロウ
□ 朗（ほが）らか

メールアドレスを伝える

アルファベットは、発音によっては聞き間違いが起こる可能性もあります。伝わりやすい単語を用意しておくと、スムーズになります。

エス、ハイフン、
ワイ エー エム エー エム
オー ティー オー アットマーク、
ピー オー アール
ティー ドット、シー オー ドット、
ジェイ ピー です

※例えば s-yamamoto@port.co.jp の場合

確認させていただきます。
エス ハイフン "ヤマモト" アット、
ピーオーアールティーで "ポート"、
ドット シーオー ドッド ジェイ ピーで
よろしいでしょうか

▶ 聞き間違えないように、確認する

メールアドレスは、ひと文字違うだけでエラーになってしまうので正確に伝わらなければなりません。はっきり、ゆっくりと発音するようにし、必ず最後に復唱して相手に確認をとるようにしましょう。

メールアドレスを
伝える

メールアドレスを申し上げます。
"タナカ"で、
ティーエー エヌエー ケーエー @、
会社名の"コーワ"で、
ケーオーダブリューエー、
ドット、シーオー、
ドット、ジェイ ピーです

メールアドレスに名前が入っている場合は、先に
名前を言ってからアルファベットを伝えると、わ
かってもらいやすくなります。

"つ"は"ティーユー (tu)"
でしょうか、
"ティーエスユー (tsu)"
でしょうか

間違えやすい
アルファベットを確認

"ティー"は T シャツの
T でしょうか

T と D など、発音が似ている文字は、間違えやす
いので、必ず確認が必要です。相手が何も言わな
くても、こちらから確認して正確に把握を。

ローマ字には 2 種類あるので注意

	し	ち	つ	ふ	じ
日本式	si	ci	tu	hu	zi
ヘボン式	shi	chi	tsu	fu	ji

ローマ字には日本式とヘボン式があり、表記が異なります。言葉だけでは伝わりづらい
ので、表記をひと文字ずつしっかりと伝えるようにしましょう。

アルファベットの説明リスト

メールアドレスだけでなく、会社名、商品名など、
アルファベット表記の言葉は多いもの。
知られている単語を利用して確認しましょう。

A
- □ アップル
- □ アメリカ
- □ アマゾン

B
- □ ベースボール
- □ ブック
- □ ブラック

C
- □ ビタミンC
- □ カフェ
- □ コーヒー

D
- □ ドア
- □ ドライブ
- □ ディナー

E
- □ エッグ
- □ エクセル
- □ エントランス

F
- □ フラワー
- □ ファンタジー
- □ フリー

G
- □ ゴール
- □ ギフト
- □ Google（グーグル）

H
- □ ホット
- □ ホテル
- □ ヘアー

I
- □ iPhone（アイフォン）
- □ アイス
- □ アイディア

J
- □ ジャパン
- □ ジョブ
- □ ジョイン

K
- □ キープ
- □ キッズ
- □ Kiosk（キオスク）

L
- □ レフト（左）
- □ ラブ
- □ リビング

M

- ☐ ミュージアム
- ☐ メロディー
- ☐ マガジン

N

- ☐ ナンバー
- ☐ ネーム
- ☐ ナチュラル

O

- ☐ OK
- ☐ オレンジ
- ☐ オアシス

P

- ☐ パーティー
- ☐ ピンク
- ☐ ピース

Q

- ☐ クイーン
- ☐ QRコード
- ☐ クオリティー

R

- ☐ ラビット
- ☐ ロックバンド
- ☐ ラジオ

S

- ☐ サッカー
- ☐ セール
- ☐ サンプル

T

- ☐ テーブル
- ☐ Tシャツ
- ☐ タブレット

U

- ☐ UFO
- ☐ UMA(ユーマ)
- ☐ アンブレラ

V

- ☐ ビタミン
- ☐ ビクトリー
- ☐ Vサイン

W

- ☐ Word(ワード)
- ☐ ワールド
- ☐ ウィンドウズ

X

- ☐ Xデー
- ☐ クリスマス
- ☐ X線

Y

- ☐ イエロー
- ☐ Yes
- ☐ ヤング

Z

- ☐ zoom(ズーム)
- ☐ ズー(動物園)
- ☐ zipファイル

英語での電話応対

英語が苦手という場合でも、簡単なフレーズを覚えておけば、
英語のできる人にスムーズに取り次げます。

ハ　ロー　　メ　イ　アイトークトゥ
Hello, May I talk to
ミスター　ヨ　シ　ダ
Mr.Yoshida?
（吉田さんをお願いします）

ジャスト　ア　モ　ー　メント
Just a moment,
プ　リ　ー　ズ
please.
（少々お待ちください）

▶ まずは英語のできる人に取り次ぐ

英語でかかってきた電話に対しては、「少々お待ちください」という
フレーズを覚えておけば安心。一度保留にし、英語ができる人へ取り
次ぐか、上司の判断を仰いでもよいでしょう。

\ ゆっくり話してほしい /

Ｃ ク ッ ド ゥ
Could you speak
モ ア スロー リー プ リー ズ
more slowly please?
（もう少しゆっくりお話し
いただけますか）

相手の話すスピードが早すぎて聞き取れない場合
は、速度を落として話してもらうように依頼しま
しょう。

\ 名前を聞くとき /

メ イ ア イ ハ ブ
May I have
ユ ア ネー ム
your name?
（お名前をお聞かせ
いただけますか?）

誰かに取り次ぐ場合、相手の名前だけでも確認し
ておくと、応対がスムーズになります。名前はし
っかりメモするようにしましょう。

こんなフレーズも覚えておくと便利!

センキューフォーコーリング
・Thank you for calling.
（お電話ありがとうございました）

アイム アフレイド シー イズ アウト ライト ナ ゥ
・I'm afraid she is out right now.
（あいにく、ただいま外出中です）

メ イ ア イ ハ ブ ユ ア フ ォ ン ナンバー
・May I have your phone number?
（電話番号をお聞かせいただけますか?）

電話を切るときには、日本では
「失礼します」というのが一般的
ですが、英語ではお礼で締めるこ
とが多いです。また、聞き取れな
かったとき、「I'm sorry?（アイム
ソーリー）」というと、軽い聞き
返しになります。

上司の電話にかける

上司にかけるときも、取引先にかけるときと同じです。
正しい敬語を使い、用件は簡潔に伝えるようにしましょう。

お疲れ様です。吉澤です。
○○の件でご連絡しました。
今、お時間よろしいでしょうか

▶ 取引先へかけるときと、同じ応対を

まず「お疲れ様です」と挨拶し、名乗りましょう。携帯電話の場合、
電話ができる状況かを確認してから、話し始めます。

\ 用件を伝えるとき /

> 先ほど○○社の
> 山本様よりお電話があり、
> 吉田部長と
> 連絡をとりたいそうです

外出中の上司と連絡がとりたいという人がいる場合は、携帯電話にかけて伝えます。相手の名前と電話番号はきちんと伝えましょう。

\ 今、話せないと言われた /

> ○○の件でお電話しました。
> のちほどかけ直しますが、
> ご都合のよい
> お時間はありますか

上司が忙しくて話ができない状態という場合は、かけてよい時間を確認しましょう。

休日でも LINE 電話は避けましょう

上司への仕事の連絡は、携帯電話にかけるようにします。日頃から SNS でやりとりすることがあっても、LINE 電話などは使わないのが無難です。

会社へ遅れる連絡

遅刻をしないことが一番ですが、やむを得ない場合も。
もしものときのために遅刻連絡のポイントをおさえておきましょう。

> おはようございます。田中です。
> 申し訳ございません、寝坊してしまい、
> 30分ほど遅れてしまいます。
> 大至急用意して出社します

▶ 基本的にメールではなく電話する

遅刻の連絡は緊急の用件なので、直属の上司に電話して遅刻の理由と
到着する時間を伝えます。遅刻がわかった時点で、伝えるべき情報を
整理してから電話をするとよいでしょう。

＼電車遅延のとき／

> 申し訳ございません。
> 電車が遅れておりまして、
> 10時頃に到着と
> なりそうです。
> よろしくお願いします

乗車前にわかればその時に、乗車中に遅延したら
駅に到着後、理由と到着時刻を電話で伝えます。

＼上司へ伝えてもらうとき／

> 申し訳ございません。
> 寝坊してしまい30分ほど遅れて
> しまいそうです。竹田さんへ、
> お伝えいただけますでしょうか

上司が不在の場合は電話に出た人に伝言をお願い
し、時間をおいて再度上司に直接連絡をします。
嘘はつかず、遅刻の理由を正直に報告しましょう。
社会人として寝坊自体がマナー違反なので、今後
はないように注意しましょう。

仕事に影響するなら、引き継ぎを依頼する

取引先とのアポイントや締め切りなど、仕事
に支障が出る場合、遅刻の連絡をする際に上
司に相談してから引き継ぎをします。もしも
のときのために、デスク周り・パソコン内は
日頃から整理しておくのも大切です。

「○○の件ですが、
資料を山本さんへ
お渡しいただけます
でしょうか」

会社を休む連絡

体調不良でどうしても休まなくてはいけない場合でも、
可能な限りメールだけで連絡するのではなく電話して伝えます。

> おはようございます。
> 広報課の吉澤です。
> 申し訳ございませんが、
> 風邪をひいてしまいましたので、
> お休みさせていただけ
> ないでしょうか

▶ 報告ではなく相談の形で伝える

当日欠勤は他の人がその分の仕事をフォローすることになります。また、勝手に休むことを決めると心証が悪くなる場合も。始業10〜15分前に直属の上司に電話をし、相談する形で話を進めましょう。

\ 事情を説明するとき /

発熱があり、これから
病院へ行きたいと思います。
明日出勤できるかどうかは、
のちほどご連絡いたします

症状などを詳しく報告する必要はありませんが、
一緒に働いている先輩や同僚に伝えておくべき内
容はきちんと話しましょう。

\ 電話を切るとき /

ご迷惑をおかけしますが、
よろしくお願いします

自分が休むことでフォローをしてくれる上司や同
僚への気遣いも忘れずに。体調が悪くても感謝を
伝えてから電話を切ると好印象です。

身内に不幸があった場合も電話で連絡

まずは上司に電話で相談。早朝や深夜の
場合はメールで伝え、あとから電話しま
す。必要があれば仕事の引き継ぎ、スケ
ジュール調整をしましょう。

「祖父が亡くなり
葬儀に出るためお休みを
いただきたいのですが、
よろしいでしょうか」

外出先から直帰する

会社に戻らないときは、事前に相談するか、その場で電話をします。
自分で決めず上司の指示を仰ぎましょう。

> 打ち合わせが終わりました。
> このまま帰ってしまっても
> よろしいでしょうか

▶ 仕事の報告をしつつ相談をする

就業時間を管理する必要もあるため、直帰するかしないかは自分では
なく会社が決めます。まずは、外出先での用事が終わったことを報告
し、このまま帰ってもよいか上司に相談をしましょう。

\ 就業時間が
過ぎている場合 /

> 打ち合わせが
> 先ほど終わりました。
> 社に戻らず、このまま失礼させて
> いただいてもよろしいでしょうか

就業時間が過ぎている場合でも、黙って帰らずに
必ず上司に電話をすること。仕事の報告とともに
直帰してもよいか相談しましょう。

\ 事前に確認しておくとき /

> お疲れ様です。
> 本日は現場へ立ち寄りのあと、
> 帰宅させていただいても
> よろしいでしょうか

外出先での用事が定時に近いなら、事前に上司に
相談してもよいでしょう。直帰が決まった場合は、
会社の予定表に記入して周知しておきます。

戻り時間などの予定変更も報告をする

外出先での用件が終わったら電話で連絡
をします。どこにいるか、何時に戻るか
を伝えましょう。もし合間に昼休憩を取
るなら、「昼食を食べてから戻ります」
とひと言添えます。

「5時頃に帰社する
予定です。
よろしくお願いします」

早朝・就業時間後

営業時間外の電話は避けるのがベストです。どうしても必要な場合は、すみやかに用件を伝え、相手への配慮を忘れずに。

> お世話になっております。
> 早くからお電話差し上げて
> 申し訳ございません

▶ 午前10時より早ければひと言添えて

10時前に電話をすると、相手が出社していなかったり、仕事の準備を邪魔してしまう可能性があります。「早くからお電話差し上げて申し訳ございません」とひと言添えましょう。

終業時間前後に
かけるとき

> お世話になっております。
> お忙しいところ、
> 遅い時間に
> 申し訳ございません

終業時間前後は仕事の仕上げや帰り支度をしている人が多い時間帯。また、残業中かもしれないので、相手を気遣うひと言を添えましょう。

夜8時以降に
かけるとき

> お世話になっております。
> 夜分に失礼いたします

業務が終了している時間帯に電話をすると常識がないと思われかねません。「夜分に失礼いたします」とひと言添えて用件は手短に済ませましょう。

POINT

電話を避ける時間

昼食時、仕事の準備や仕上げをする時間の電話は避けるべき。電話する前に相手が今何をしているかを想像することが大切です。事前にメールで、かけてよい時間を尋ねておくのも手です。

・始業時間前後
・昼休憩中
・終業時間前後
・夜8時以降

休みの日にかける

プライベートな時間なので、社内・社外に関わらず、
電話をするなら緊急の場合のみにしましょう。

> お休みのところ申し訳ございません。
> 今、お電話よろしいでしょうか

事前に「○○の件でお話し
したい」と、メールを送っ
ておいてから、電話をして
もよいでしょう。

▶ "どうしても"というとき以外はかけない

電話の前に本当に必要かをまず考えます。緊急なら「お休みのところ
申し訳ございません」とひと言添え、今時間があるか確認して用件を
話します。休日も早朝・夜遅い時間帯は避けましょう。

ケース別 32

協力してほしいとき

誰でもひとりでは仕事を回せません。ビジネスシーンで、
気持ちよく手伝ってもらえるお願いの仕方を覚えておきましょう。

○○の件ですが、
お力をお貸し願えませんでしょうか

▶ 相手が気持ちよく手伝えるひと言を

協力してほしいという気持ちを「お力をお貸し願えませんか」という
言い方に変え、敬意をあらわします。表情や声のトーンは明るく、何
をお願いしたいのか明確に述べることも大切です。

相手の携帯電話にかける

携帯電話へかけるのは、相手から指定があった場合か、
至急連絡をとりたい場合に限り、気軽にかけるのは避けます。

○○社の田中と申します。
携帯にお電話してしまい、
申し訳ございません

今、お話ししても
よろしいでしょうか

▶ 相手の状況を確認してから話す

携帯電話は本人とすぐ連絡がとれて便利ですが、相手が落ち着いて話
せる場面ではないことがあるので配慮が必要です。まず、話ができる
環境かどうかを尋ねてから話し始めます。

\ 相手が外出中のとき /

外出先にまで
お電話してしまい
申し訳ございません

期限が迫っているなど、急ぎで相手と連絡をとり
たい場合、「申し訳ございません」と突然連絡を
することに対して謝罪のひと言を添えましょう。

\ 番号を教えてもらって
電話するとき /

○○社の田中と申しますが、
山本様のお電話でしょうか。
△△社の古川様より
携帯電話番号を教えて
いただきました

人から紹介してもらった携帯電話番号の場合は、
まず自分の氏名を伝えてから、相手の名前を尋ね
て確認します。

話す内容には要注意

外出中の相手の携帯電話にかける場合、周囲で誰が聞いているかわからず危険。お客様
の個人情報に関わる内容などは避けるようにしましょう。「○○の件を確認いただきた
い」など、用件は短く簡潔に伝えるようにしましょう。

携帯電話にかかってきた

受け答えの仕方は、ビジネスフォンのときと同じです。外出先なら
話す内容には注意し、話せない状況のときは折り返しを提案します。

> ○○社の田中です。
> 聞き取りにくいかもしれないので、
> このあとすぐにかけ直しても
> よろしいでしょうか

▶ 周囲がうるさいときはかけ直そう

人ごみや駅のホームなど、周囲の音がうるさくてお互いの声が届きに
くい状況の場合は、静かな場所へうつってからかけ直すことを伝えま
す。

\ 電車に乗るとき /

> 申し訳ございません。
> 電車に乗るため、
> 15分後にかけ直します

電車内では電話に出なくても構いません。電車に乗る前にかかってきた電話なら、「○分後にかけ直します」と、時間の目安を伝えます。

\ 話が長くなりそうなとき /

> 申し訳ございません。
> 外出中ですので、
> この件については会社に
> 戻り次第すぐご連絡いたします

すぐに返答できない用件の場合や、外では話せない内容の場合、会社に戻ってから電話をかけ直す提案をするとよいでしょう。

\ 電話をかけ直すとき /

> ○○社の吉澤です。
> 先ほどはお電話に
> 出ることができず、
> 申し訳ございませんでした

着信があったのに気づかなかったときや、留守電にメッセージが残っていたときには、「出ることができなかった」ことを謝るひと言を加えると丁寧です。

留守電にメッセージを残す

留守番電話にメッセージを残すときには、
はっきりとした発音で、正しく伝わるように残しましょう。

○○社の吉澤です。
○○の件でご連絡いたしました。
またこちらから改めて
お電話いたします。
失礼いたします

▶ メッセージは簡潔に伝わるように

録音できる時間は1分程度ですが、10秒前後のメッセージになるよ
うにまとめます。会社名、名前、用件をはっきりと言いましょう。

メッセージを残すときの point

1. **聞き取りやすいよう
   はっきりと話す**
2. **用件は手短にする**
3. **連絡がほしいなら
   番号を伝える**

緊急でない場合、留守電も含めて、電話をかけるのは1日2回程度に留めるのがマナー。それ以上は日を改めるか、メールで連絡します。もし、録音途中で切れた場合は、再度かけ直して「先ほどの続きでございますが〜」と言って続きを残します。

＼ 折り返しがほしいとき ／

**打ち合わせの件でご連絡
いたしました。 田中までお電話を
いただけないでしょうか。
番号は 03-0000-0000 です。
よろしくお願いいたします**

電話をかけ直してほしい場合は、「お電話をいただけないでしょうか」と疑問形でメッセージを残すと相手を気遣った言い方になります。

**何度もお電話して
申し訳ございません。
吉澤です。17 時頃に
改めてご連絡いたします。
よろしくお願いいたします**

＼ 2 度目の留守電のとき ／

なかなか電話がつながらないのは、相手が忙しいということ。「何度も申し訳ございません」と付け加えると、失礼な印象になりません。

在宅ワークでの電話応対

在宅ワークをしている日は、先輩や上司が電話応対を
してくれていることも。周りへのお礼など気遣いを忘れずに。

▶ 自宅という環境でも、ビジネスだということを忘れずに

　コロナ禍によって、在宅ワークを取り入れる企業が増えました。入社後すぐに在宅ワークとなって、電話応対を学ぶチャンスを逃してしまったという人もいるでしょう。電話の扱い方や受け方、かけ方のマナーを知ることも大切ですが、周りへの配慮も忘れないようにしたいものです。

　例えば、自分が在宅ワーク中ということは、新人の仕事である電話応対を、先輩や上司が代わりにやってくれている可能性があります。その場合は、出社したときに「出社時、電話など対応いただき、ありがとうございます」と、ひと言お礼を言うようにしましょう。やってもらって当たり前という態度では、印象が悪くなってしまいます。

　また、1人ずつ携帯電話を支給されている企業もあり、携帯電話でのマナーも必要になってきました。気軽にかけられる分、電話をすることで相手の時間を奪っているという意識が薄れがちに。携帯電話でも、マナーは基本的にビジネスフォンと同じです。丁寧な言葉遣いと、伝わる話し方、相手を気遣うひと言を添えるなど、受け答えには注意しましょう。

　とくに、在宅ワーク中に、携帯電話に直接電話がかかってくるときにも、仕事中だということを忘れてはいけません。自宅だと気を抜きがちですが、オフィスにいるときと同じ言葉遣いで話すことを意識しましょう。

PART 5

ワンランク上の
電話応対術

感じのよい電話を目指すために知っておきたいことや、
慣れてきたときこそ注意したいことがあります。
形式ばった電話応対から一歩進んだ、スマートで
相手に安心感を与える電話のテクニックを紹介します。
また、トラブルの対処法についても、最低限知っておくと
何かあったときに役立つでしょう。

電話とメールの使い分け

電話はあくまで連絡手段のひとつ。メールで伝えたほうがよいことも
あります。タイミングやわかりやすさを考慮して使い分けましょう。

▶ 複雑な内容は電話よりメールがいい

電話は直接相手と話せるので、すぐに連絡をとりたいときや、相手の気持ちを直に確認したいときなどに便利です。それに対して、メールは場所や時間を選ばずに情報を共有できるツールとして、ビジネスでは今や必須の連絡手段となっています。電話とメールはどちらが上ということはなく、相手の働き方や、タイミングに応じてうまく使い分けられるようになるのが大切です。

例えば、何かを念のために確認する場合、急ぎではないのに電話をかけると、相手の時間を奪ってしまいかえって迷惑になることもあるのでメールのほうが適しています。

逆に、急いで確認すべき場合、メールでは返事をもらうまでに時間がかかったり、文面だけでは真意がわからずにモヤモヤした気持ちになるということもあります。

メールの利点は、①相手の都合のよい時間に対応してもらえること②口頭では複雑になる説明を文章でわかりやすく伝えられること③記録として残せるので言った言わないというトラブルが起こりづらいことです。ただし、無機質な文面になると相手に冷たい印象を与えてしまうので注意が必要。このように利点と欠点をを意識して使うことで、ビジネスの効率がよくなり、相手に安心感を与えることができます。

◎ メールのメリット

□ ストレートに用件を書ける
□ 早朝や深夜でも送れる
□ 複数人と連絡がとれる

✕ メールのデメリット

□ 相手がすぐ見てくれないこともある
□ 送ったら取り消せない
□ 表現が伝わりにくいことがある

\ 重要なメールなら /

○○社の田中です。
○○の件で先ほど
メールをお送りしましたので、
ご確認いただけますでしょうか

重要な用件の場合は、メールを確実に読んでもらうため、送信したことを電話で相手に伝えるようにするとよいでしょう。

\ 相手が返答を
急いでいるとき /

○○社の吉澤です。
○○の件の回答が出ましたので
メールをお送りいたしました。
お待たせして申し訳ございません

相手が用件の答えをとにかく急いで知りたいという場合には、メールを送ったうえで電話をするのが適しています。

▶ 相手が希望するツールに合わせよう

LINE	ビジネスチャット	Web会議
LINEなどの無料コミュニケーションアプリは、相手から希望された場合に限り、上司と相談のうえで使うようにしましょう。私用との混同は避けましょう。	やりとりが早くできるので効率的ですが、馴れ馴れしい言葉遣いや礼儀を欠いた表現にならないように注意が必要です。	最近では、Web会議システムを利用した打ち合わせが主流になりつつあります。社内の規定に従って活用します。

163

説明が難しいときの対処

伝えたい内容が複数ある場合や、ストレートに伝えると失礼になる場合には、
いくつかのポイントをおさえて伝えるようにします。

▶ しっかりとまとめてから伝えよう

電話をする際に、悩みながら話したり、ダラダラと話したりしては、相手に正しく伝わらず、混乱を招きます。説明が難しいときこそ、事前に準備をして伝え方を考える必要があります。

まず、一番伝えたい内容が何なのかを明らかにします。この「結論」を最初に伝えて説明に入りましょう。「結論→説明」を基本の構成にするだけで、目的や主旨が相手に伝わり、理由の説明がしやすくなります。

説明するときには、5W2Hを意識するようにします。5Wは、When（いつ）、Where（どこで）、Who（誰が）、What（何を）、Why（なぜ）です。2HはHow（どのよう

に）、How much（いくら）のこと。この5W2Hの要素を入れて説明することで、情報を漏れなく伝えられるでしょう。

伝えたいことを頭の中でまとめていても、話しているうちに忘れてしまったり、相手の話に流されてしまったりすることもあるので、必ずメモに書いておくようにします。

また、謝ったり、言いづらいことを話したりするときには、相手に不快感を与えないように工夫する必要もあります。

相手と話しているうちに新たな問題が出たり、判断に迷ったりした場合は、その場で決断せずに上司や先輩に確認や相談をしましょう。

 伝わらない話し方

要点が定まらない

一番伝えたいこと、相談したいことが何なのかをはっきりさせましょう。要点が伝わらないと相手が混乱します。

ダラダラと話す

できごとを時系列でダラダラと話したり、感情的に話したりすると、要点が伝わらずトラブルにつながります。

断る、謝るなどマイナスな話なら ハンバーガー話法で話そう

言いづらい内容の場合は、会話の前後にクッション言葉や
謝罪の言葉を添えることでやわらかな印象になります。

1
謝る
この度は
大変申し訳
ございません
でした

2
具体例
本当にお伝え
したかった
ことは…

3
もう一度謝る
今度はこのようなことが
起こらないように努めます。
本当に申し訳
ございませんでした

正しく伝えるための4つの point

POINT 01 **伝えたいことは 2〜3点にする**

情報が多くなりすぎると混乱を招きます。とくに電話では、聞き逃したり忘れたりすることもあるので、伝えたいポイントは3点までに絞るようにしましょう。多ければタイミングをみて分けて伝えても。

POINT 02 **専門用語を 使いすぎない**

ビジネス用語や略語などを多用しすぎると、相手に正しく伝わらなくなります。業界用語などは、相手も確実に知っている場合のみ使うようにしましょう。

POINT 03 **具体例を 入れて話す**

会話ではあいまいな表現は避けるようにしましょう。事例や数字などを具体的に入れることで、相手に正確に伝わるようになり、話に説得力が生まれます。

POINT 04 **自分の意見も 述べる**

相談するときには、最後に自分の意見も伝えるようにしましょう。その際は「私見ですが」と前置きをすると、謙虚な印象になります。

相づちのバリエーション

電話では、声色や話すスピードなどで好印象を与える必要があります。
相づちもそのひとつ。タイミングとバリエーションを意識して。

▶ 言葉選びとタイミングが大切

相づちは、電話応対中に「あなたの話に関心を持っています」「聞いています」ということをあらわす大切な表現です。何気なく使っていると相手に不快感を与えることもあるので、意識して使うようにすると電話応対はより上達します。

例えば、「はい」や「ええ」という相づちは、話の間にタイミングよく使うのは効果的ですが、「はい、はい、はい」と連続で言ったり、いつも「はい」しか使わなかったりすると、相手の話を馬鹿にしているような印象を与えかねません。真剣に話を聞いていないのではないかと、相手を不安にさせてしまうこともあります。

また、相づちのバリエーションとして使いがちなのが「なるほど」という言葉。相手の話に納得する場合に使う表現ですが、上から目線の表現なので、目上の人に使うと失礼にあたることもあります。「そういうことですね」というひと言も、相手の話をひとまとめにしてしまう表現で、相手を不快にさせてしまうことがあります。「おっしゃる通りです」「そうなんですね」などいくつかの言葉を覚えて使い分けるようにしましょう。また、同じ言葉でも、了承したことを伝えるときはやや強く、共感を示すときは余韻を残すなど、声色や抑揚で表現を増やすのも有効なテクニックです。

NG こんな相づちはNG！

言葉選びがよくても、使い方が雑だと相手に不快感を与えます。話を妨げないさりげなさが大切です。

・大げさすぎる
・「はい」の連発
・相手の話し中に相づち
・リアクションしない

同意するとき

同意の相づちは、会話で最もよく使うもの。いくつかの表現を覚えておくと単調にならず、相手の話をきちんと聞いている印象になります。

「おっしゃる通りです」
「その通りですね」
「確かにそうですね」
「ごもっともです」
「私も同感です」
「そうなんですね」

反応するとき

・「本当ですか？」
・「そうですか」
・「よかったですね！」
・「素晴らしいですね」
・「それはおもしろいですね」
・「それは知りませんでした」

・「興味深いですね」
・「それでどうなったのですか」

相手の話に反応するような表現の相づちを使うと、会話を楽しんでいる印象に。声色を明るくするなど、電話では少し演技するくらいでちょうどよくなります。

POINT
―――――
ときには演技も
必要です

 NG 馴れ馴れしすぎる相づちは避けて

相手と親しくなってもビジネスの場ではくだけた話し方は避けて。気を抜いた相づちで相手を傷つけたり不快にさせたりしないように。

・「そうなんだ」
・「うん、うん」
・「へえー」
・「はいはい」

・「なるほどですねー」
・「ふーん」
・「わかる、わかる！」
・「いいっすね！」

きちんと伝わる伝言メモ

用件を簡潔にまとめる要約力はビジネスのスキルとしても大切です。
読み手のことを考えて書きます。

▶ 雑なメモではダメ！丁寧に書いて

電話を受け、取り次ぐ相手が不在だったときに必要になる伝言メモは、新人のうちにスムーズにできるようになりたい仕事のひとつです。

「電話があったことを伝える」という単純なことですが、メモに気づかれなかったり、読めない字で正しく情報が伝わらなかったりすると、社内外の相手、そして自分の時間もムダになってしまいます。伝言メモでは①誰から電話がかかってきたか（会社名と氏名）②用件③相手の連絡先④自分の氏名と受けた時間などの要素をまとめて表記します。これは、情報を漏れなくまとめる力が必要なうえ、正しく伝わるように表記

する工夫が求められ、意外とテクニックがいります。

伝言メモを含め、電話応対を正確にこなせればビジネスに重要なコミュニケーション力も自然と身についてくるので、とても大切な仕事と捉えて対応しましょう。

電話中はメモをすぐ近くに用意し、復唱して聞き間違いを防ぎましょう。メモは書き殴ったものではなく、電話が終わったあとに清書してから渡します。相手に電話を折り返す必要があるのか、伝言だけなのかなど、「見ればわかる」メモにするようにしましょう。

必ず見てもらえる場所に置く

デスクの上にものがたくさんある人の場合、メモを置いていても埋もれてしまい、気づかれないことも。席に戻ったときに目につく場所に置きます。「電話がありました」と直接声掛けもします。

**名前だけでなく
社名も入れる**

いつも電話している相手だからわかるだろうと省かないように注意を。

**漢字がわから
なければ聞く**

電話口だと氏名の漢字がわからない場合は本人に確認しますが、相手が忙しそうな場合はカタカナ表記にしても。

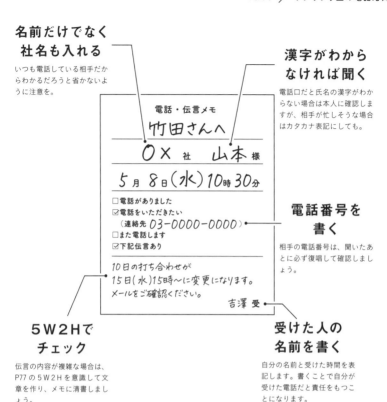

電話・伝言メモ

竹田さんへ

〇× 社　山本 様

5 月 8 日（水）10時 30分

☐電話がありました
☑電話をいただきたい
　（連絡先 03-0000-0000）
☐また電話します
☑下記伝言あり

10日の打ち合わせが
15日(水)15時〜に変更になります。
メールをご確認ください。

吉澤 受

**電話番号を
書く**

相手の電話番号は、聞いたあとに必ず復唱して確認しましょう。

**5W2Hで
チェック**

伝言の内容が複雑な場合は、P77の5W2Hを意識して文章を作り、メモに清書しましょう。

**受けた人の
名前を書く**

自分の名前と受けた時間を表記します。書くことで自分が受けた電話だと責任をもつことになります。

褒められる伝言メモ3つの point

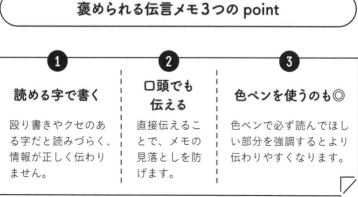

1

読める字で書く

殴り書きやクセのある字だと読みづらく、情報が正しく伝わりません。

2

**口頭でも
伝える**

直接伝えることで、メモの見落としを防げます。

3

色ペンを使うのも◎

色ペンで必ず読んでほしい部分を強調するとより伝わりやすくなります。

電話慣れの注意点

最初は苦手でも、続けるうちに慣れてきて、緊張もほぐれてきます。
そんなときがミスにつながりやすいので、気の緩みすぎには注意を。

▶ 半年くらい経った頃に緩む可能性大

　毎日のように電話応対をしていると、次第に慣れてスムーズなやりとりができるようになってくるでしょう。それはとてもよいことなのですが、敬語がくずれてきたり、声が暗くなったり、早口になったりすることがあるので要注意。気の緩みからくる横着な態度は、相手に不快感を与えてしまいます。ビジネスの場だということを意識してほどよい緊張感を持ちましょう。

　とくに、よく電話をする相手には親しみが生まれ、マナーがくずれがちです。よい関係性を長く築いていくためにも、「親しき仲にも礼儀あり」を忘れないようにします。また、仕事の基盤である「ホウ・レン・ソウ」は電話応対でも大切。連絡事項は誤解のないように伝え、電話内容によっては上司に報告や相談をすることで、仕事のキャリアを積んでいきましょう。

電話でもホウ・レン・ソウを意識

ホウ（報告）	レン（連絡）	ソウ（相談）
仕事の進捗や結果、アクシデントがあれば報告します。	業務上の情報を共有するために、関係者へ連絡します。	仕事での不明点や困りごとは、抱え込まず相談を。

ベテランになっても注意したい point

POINT 01 最後まで言い切る

「○○ができればと…」「そんな感じで…」と、語尾がはっきりしないと、察してほしいような言い方になり相手が困惑します。失礼な印象を与えてしまうので、「○○していただきたいです」など、はっきりと最後まで言い切るようにしましょう。

POINT 02 フレーズにこだわりすぎない

電話応対のマナーにとらわれすぎて、定型文で答えてばかりいると、ぎこちない印象を与えます。少し慣れてきたら、相づちにバリエーション（P167）をつけたり、同じ意味でも言葉を言い換えたりしてみましょう。会話がよりスムーズになります。

POINT 03 挨拶を省かない

仕事でよく連絡をとり、親しい関係になってくると「お世話になっております」という挨拶を省いてしまうというケースも。社内の人との電話でも、「お疲れ様です」など、挨拶はしっかりとするのがマナーです。

POINT 04 敬語はくずしすぎない

入社当初は敬語に気をつけていても、気が緩むと敬語がおざなりになりがち。また、若者言葉や間違った敬語（P26）などを使ってしまうこともあるので、慣れてきたときこそ、正しい敬語をより意識してみるとよいでしょう。

POINT 05 情報の扱いに気をつける

まだ発表してはいけない情報や、他社を持ち出した噂話、社内で起こっているトラブルなどは、禁止と言われていなくても話してはいけません。とくに外出しているときに携帯電話で詳しい業務の話をするのはタブーなので、注意しましょう。

敬語をより正しく使う

敬語は電話だけでなく、仕事上で大切なマナーのひとつです。
上司や先輩、取引先相手に、適切な敬語を使えるようにしましょう。

▶ スムーズに使い分けられるようになろう

敬語は目上の人に対して使う表現で、ビジネス会話では必須です。新入社員のうちは乱れた敬語でも大目に見てもらえますが、一緒に働く相手に信頼されるためにも、必ず身につけて自然と使えるようにしたいものです。

敬語表現で注意したいのが、尊敬語と謙譲語の使い分けです。尊敬語は敬意を示すべき人の行為を話すときに、謙譲語は敬意を示すべき人へ向かう自分の行為を表すときに使います。この使い分けを間違うと、相手に対して失礼になってしまうこともあるので、注意しましょう。

また、謙譲語にはⅠとⅡの2つがあります。謙譲語Ⅰは敬意を示すべき人に対する自分の行為を下げる表現です。謙譲語Ⅱは、目の前の人に対して自分を下げる表現です。

敬語表現は、フレーズを覚えてくり返し使ううちに、自然と使えるようになります。間違いを恐れずに、積極的に使うようにしましょう。

電話では表情が見えない分、どうしても言葉遣いが強く印象に残ってしまうので、敬語のほかにも、二重表現やら抜き言葉（P176）など、間違った言葉遣いにも注意しましょう。

「行く」の場合

尊敬語
明日、
いらっしゃいます

謙譲語
明日、
伺います

敬語の種類一覧

敬語の種類	使い方	例
尊敬語	相手の状況や動作を高め、敬意を表現するときに使います。	・ご覧になる ・いらっしゃる ・召し上がる
謙譲語Ⅰ	自分がへりくだることで間接的に相手を立てて敬います。動作の対象が尊ぶべき特定の相手のときに使います。	・申し上げる ・差し上げる ・伺う ・教えていただく
謙譲語Ⅱ	自分の行動や物事を、聞き手や読み手に対して丁寧に表す表現。特定の相手を立ててはいません。	・参ります ・いたす ・申す
丁寧語	話や文章の相手に対して丁寧に述べる言葉。語尾に「です」「ます」「ございます」をつけ、丁寧に表現します。	・〜です ・〜ます ・〜ございます
美化語	名詞に「お」「ご」をつけて物事を美化して述べます。	・お料理 ・お電話 ・ご祝儀 ・ご著書

動詞の言い換え一覧

基本形	尊敬語	謙譲語	丁寧語
する	なさる される	させていただく	いたします
言う	おっしゃる 言われる	申し上げる 申す	言います
いる	いらっしゃる おいでになる	おる	います
見る	ご覧になる 見られる	拝見する	見ます
聞く	お聞きになる	拝聴する 伺う	聞きます
行く	いらっしゃる おいでになる	伺う	参ります
来る	いらっしゃる おいでになる 見える	参る	来ます
知る	お知りになる ご存知だ	存じる 承知する	知っています
わかる	おわかりになる ご理解いただく	かしこまる 承知する	わかりました
考える	お考えになる ご考察になる	考えておる 推察する	考えます
読む	お読みになる	拝読する	読みます
書く	お書きになる 書かれる	書かせていただく	書きます

基本形	尊敬語	謙譲語	丁寧語
思う	お思いになる	存じる 所存である 推察する	思います
会う	お会いになる 会われる	お目にかかる	会います
伝える	お伝えになる	申し伝える	伝えます
与える	くださる	献上する 進呈する 差し上げる	与えます 差し上げます
もらう	お納めになる お受け取りになる	いただく ちょうだいする	もらいます
受け取る	お受け取りになる	賜る ちょうだいする 拝受する	受け取ります
座る	お掛けになる	座らせていただく	座ります
食べる	召し上がる おあがりになる お食べになる 食べられる	いただく ちょうだいする	食べます
買う	お買いになる お求めになる	買わせていただく	買います
帰る	お帰りになる 帰られる	おいとまする	帰ります
持っていく	お持ちになる	お持ちする 持参する	持ちます
利用する	ご利用になる	利用させていただく	利用します

間違えやすい表現 ❶ ／ 二重敬語

✕ ご覧に なられますか → ◎ ご覧に なりますか

「ご(お)〜になる」という尊敬語と「れる・られる」の尊敬語を二重に使った表現は間違い。
ひとつの言葉にひとつの敬語を使うようにします。

✕ 資料を拝見させて いただきました → ◎ 資料を 拝見しました

「見る」の謙譲語「拝見する」と、「させていただく」の謙譲語を二重に使っています。「さ
せていただく」は相手から許しや恩恵を得るときに使うのでダメ。

間違えやすい表現 ❷ ／ 二重表現

✕ まず最初に

✕ 受注を 受け付けました

✕ 一番ベストです

✕ あとで後悔する

✕ 必ず必要です

✕ あらかじめ 予定する

✕ 尽力を尽くします

「まず最初に」は、「まず」と「最初」で意味
が重複する言葉を並べていて、間違いです。
知らず知らずのうちに言っていることがあ
るので、気をつけましょう。

間違えやすい表現 ❸ ／ ら抜き言葉

✕ お車で来れますか	→	◎ お車で来られますか

「来る」の可能表現の「来られる」から「ら」を抜いています。とくに社外の人へ向けての言葉なら注意して使いましょう。

✕ 今、企画書を見れますか	→	◎ 今、企画書を見られますか

「見れる」はよく間違えられるら抜き言葉です。上司へ「見れますか」と言うと、能力を問うような言い方になるので印象が悪くなります。

間違えやすい表現 ❹ ／ マニュアル敬語

✕ よろしかったでしょうか	→	◎ よろしいですか

今、よいかどうかを問うだけであれば、過去形で「よろしかった」というのはおかしい表現になってしまいます。

✕ お名前を頂戴してもよろしいでしょうか	→	◎ お名前をお聞かせいただけますか

名前はものではないので、「頂戴する」という表現は間違い。「お聞かせいただけますか」と尋ねる形にするのが自然です。

会話で気をつけること

電話ではそこまで長々と会話をすることはありませんが、
ちょっとした雑談や気の利いた挨拶で話がなごやかになります。

▶ 軽い世間話ができると好感度アップ

ビジネスの電話では、基本的に用件のみを話すことが多いですが、会話の流れから軽い世間話を振られることもあります。ビジネスという場だということを踏まえて、空気を悪くせず、心地よい距離感で会話ができれば好感を持ってもらいやすくなります。電話応対に慣れてきたら、プラスで習得したいテクニックです。

会話では①プライベートなことを聞きすぎない②相手の話をよく聞く③短く切り上げる、の3つが大切です。話題によっては、相手が答えづらかったり、不快な思いをすることがあるので、季節や食事など、無難なテーマを選びましょう。「最近、忙しいですか」など労うようなひと言を添えるのもおすすめです。

立場によって意見がさまざまでぶつかることがあるテーマは、世間話では避けるようにします。逆に相手にそのような話題を振られたときには、あまり具体的に話さず、さりげなく避けるようにしましょう。

◎ 無難な話題		✕ タブーな話題
・季節	・天気	・政治や思想
・趣味	・出身地	・人の悪口
・ニュース	・食事	・具体的な私生活
・旅		・容姿や年齢
		など

電話応対術 8

ログセ言葉に要注意

**無意識に使っているログセは、多用することでイメージが悪くなります。
正しい言葉遣いを意識し、適切に使えるようにしましょう。**

すみません

謝る場面ではないのに「すみません」と言って場つなぎをするように使っていませんか。本当に謝るときに、謝罪の気持ちが伝わりにくくなるので、多用しないようにしましょう。また、「すみません」と言われると、相手が悪いことをした気分になってしまうことも。

させていただく

「○○させていただく」という表現は、適切に使う分には構いませんが、紛らわしい表現になることも。例えば何かを送る場合は「○○をお送りさせていただきます」よりも「お送りいたします」のほうがすっきりとしてわかりやすいでしょう。

大丈夫です

何か質問されたときに、返答として「大丈夫です」と言うと、何が大丈夫なのか相手がわかりにくく、不親切です。誘いを断る場合も「大丈夫」ではわかりにくいもの。「今回は遠慮します」など、相手にはっきりわかる表現を使うようにしましょう。

覚えておきたい表現

ビジネス会話では、改まった言葉や表現を使うことがよくあります。
基本的な表現を覚えておくと、仕事をするうえで役立つでしょう。

ウチとソトの表現

	ウチ	ソト
名前	氏名、名前	お名前、ご氏名
住所	住所、当方、当地	ご住所
会社	当社、弊社、小社	御社
店	当店、弊店、小店	貴店

ビジネスで使える表現

普段づかい	丁寧な表現	改まった表現
ある	あります	ございます
する	します	いたします
そうだ	そうです	さようでございます
できない	できません	いたしかねます
知っている	知っています	存じております
よいか	よいでしょうか	よろしいでしょうか

日にち、時間、場所の表現

普段づかい	改まった表現	普段づかい	改まった表現
今日	本日	もうすぐ	間もなく
きのう	昨日	すぐに	至急
あさって	明後日	これから	今後
おととい	一昨日	あっち	あちら
この間	先日	こっち	こちら
さっき	先ほど	どっち	どちら
後で	後ほど、後日	すごく	とても、大変

そのほかの表現

普段づかい	改まった表現	普段づかい	改まった表現
私、私たち	わたくし、わたくしども	だんだん	次第に
誰	どなた	確かめる	確認する
皆さん	皆様	頼む	依頼する
ちょっと	少し	すみません	失礼いたしました
いろいろ	様々	ごめんなさい	申し訳ありません

覚えておきたいビジネス用語

ビジネスでよく使う言葉をまとめました。用語を知っていれば効率よく
スムーズに仕事を進められるようになり、相手に安心感を与えられます。

アウトソーシング

社内の業務を外部に委託すること。または、外部のサービスを購入して委託すること。受託する側を「アウトソーサー」といいます。

アポイント

「アポイントメント」の略。打ち合わせや会合などの約束を指します。「アポ」と略して言うこともあります。

エージェント

代理人のことを指し、本人に代わって業務を行ったり、仲介や斡旋を行ったりする存在です。会社の場合「エージェンシー」と呼びます。

エグゼクティブ

「行政的な」「執行部の」という意味で、企業においては上級管理職や企業幹部のことを指しますが、日本語の「役員」とは違い、明確な定義はありません。

エビデンス

「根拠」の意味ですが、ビジネスでは契約書面、医療現場では臨床結果、電話業務では録音記録などを指して使います。

オーガナイザー

「まとめ役」の意味で使われ、企画・イベントの主催者や、業務を取りまとめる役職にある人を指します。

落としどころ

話し合いの妥協点や決着点のことを指し、取引先との交渉などの際に折衷案という意味で用いられます。「この案件の落としどころがわからない」などの使い方をします。

キュレーション

ネット上の情報をある特定の視点から収集し、新たな価値とともに共有すること。情報の目利きなどの意味で使われます。

決算

収支や損益から経営成績を明らかにすること。会計期間が1か月なら「月次決算」3か月なら「四半期決算」年度の中間月なら「中間決算」と呼びます。

コミット

名詞化すると「コミットメント（commitment）」で、「約束する」「委託する」などの意味があります。「プロジェクトの成功にコミットする」などの使い方をします。

コンプライアンス

法令遵守を意味します。「コンプライアンス違反」には、情報漏洩などのほか、就業規則など各企業のルール違反も含まれています。

サスティナブル

「sustain（維持する）」の形容詞。近年では環境問題に関するワードとして取り上げられています。「サスティナブル成長率」とは持続可能な成長率という意味。

進捗（しんちょく）

物事が捗ることで、ビジネスで使う場合は仕事の進み具合をあらわします。「進捗状況を教えて」と上司に言われたら、仕事が滞りなく進んでいるか報告を。

タイアップ

「協力」「提携」などの意味があり、企業同士が提携することで相乗効果を狙うことを指します。

タスク

「仕事」や「作業」の意味があり、ひとつの仕事を構成する小さな作業のこと。仕事を細分化し、優先順位をつけて管理することを「タスク管理」といいます。

ブラッシュアップ

「磨きをかける」という意味で、企画や書類内容を練り直してよりよくすることを指します。「新商品の企画書をブラッシュアップする」などの使い方をします。

リスケ

「リスケジュール」の略。予定を立て直すことを意味します。予定が延期になったときに使用することが多く、「リスケをお願いします」などの使い方をします。

リマインド

「再確認」の意味があります。会議や打ち合わせに予定通り参加できるかを確認するときなどに「リマインドです」と言葉を添えて伝えます。

会議中に電話がきた

会議中は基本的に電話は取り次いだり、出たりしません。
携帯電話もマナーモードに。どうしてもという場合の応対は覚えておいて。

取り次ぐ人が会議中

> 竹田は、ただいま会議に
> 入っております。
> 終わり次第、折り返し
> お電話させましょうか

▶ 会社によっては電話優先のことも

会議後に電話を折り返すことを提案します。相手の社名・名前・連絡
先を確認して伝言メモに残しましょう。ただし、急ぎの案件や、会社
の方針で取り次いでよい場合は、通常通り取り次ぎます。

\自分にかかってきて／
会議中に出る

申し訳ございませんが、
1時間後に折り返しても
よろしいでしょうか

携帯電話にかかってきて会議中に出るなら、改め
てこちらから電話をかけることを伝えて、早々に
電話を切りましょう。会議後はすぐに電話をかけ
直します。

\会議後にかける／

先ほどはお電話に
出られず失礼いたしました

会議後に電話をかけ直すときは、出られなかった
ことに対して謝るひと言を添えてから、会話を始
めましょう。

POINT

会議で出られないことを
事前に伝えておく

会議の予定がある日は、その時間は電話に出
られないことが明らか。電話が来そうな相手
や、かけ直してもらうことになっている相手
には、その時間は避けてもらうよう事前に伝
えておきましょう。

こんなときどうする 2

店に予約をする

接待や宴会の幹事になったら、飲食店などの予約をすることもあります。
なるべく手短に、必要な情報を伝えるようにしましょう。

> 予約をしたいのですが
> ５日は空いているでしょうか

・日時
・人数
・予算
・注文内容
・席の希望

▶ 店側に伝える前にチェック

飲食店への予約の場合は、名乗る前に、まずは「予約をしたい」とい
う目的を伝えます。人数や注文内容などを確認したうえで、確定した
ときに名前や連絡先を伝えます。

186

こんなときどうする 3

無言電話の応対

無言電話があった場合、相手の間違いの可能性もあります。
定型文を述べ、ひと呼吸おいて電話を切りましょう。

> お電話が遠いようです。
> 恐れ入りますが、
> もう一度かけ直して
> いただけないでしょうか。
> 失礼いたします

▶ 毅然とした態度で応対しよう

いたずら電話では？と疑いたくなる気持ちもわかりますが、会社の代表という役割を忘れずに。「失礼いたします」と伝えて、電話を切りましょう。

救急の対応

突然誰かが倒れたり、物を盗まれたり……。万が一のことがあり、
頭が真っ白になったときのために、対応を知っておきましょう。

▶ 救急車は住所を聞いた時点で出動する

火事か救急かを言ったあと、真っ先に住所を伝えます。その次に、質
問に従って、何が起こったか、患者の症状や年齢、氏名などを伝える
ようにします。

▶ 救急車を呼ぶのはこんなとき

顔色	体	その他
・顔半分が動きにくい ・顔色が明らかに悪い ・ろれつがまわりにくい など	・呼吸困難や急な息切れ ・突然のしびれ ・血を吐く ・突然の激しい腹痛 ・けいれんが止まらない など	・広範囲のやけど ・水に溺れている ・喉にものを詰まらせている など

＼ 通報するとき ／

局番なし
110番

> 車と自転車の事故です。
> ○○2丁目の交差点です

警察を呼ぶとき、まずは目的を伝えましょう。続いて場所や状況などできる限りの情報を告げます。救急車が必要であれば、一緒に伝えます。

POINT

覚えておこう!

♯7119
救急安心センター事業
救急車を呼んだほうがいいのかな……と判断に悩んだときの相談窓口です。医師や看護員、相談員が状況を把握してアドバイスしてくれます。

♯9110
警察相談専用電話
犯罪や事故にあたるのかわからない場合や、ストーカーなど警察に相談したいことがある場合の専用電話です。

相手のミスを指摘する

相手のミスで自分に不利益が生じる場合は、注意することも大切です。
ただし、今後の関係に支障をきたすようなきつい言い方は避けます。

\ 文句を伝える /

> 今後はこのようなことが
> ないようにお願いいたします

「これでは困ります」など直球すぎる伝え方では
関係性が悪くなるので、「お願い」と依頼する形
で伝えるようにしましょう。

\ 何度もミスする人に /

> 以前の説明では
> わかりにくかったでしょうか

自分の依頼の仕方が悪かった可能性もあるため、
一方的に責めず、「わかりにくかったでしょうか」
と相手を立てる言い方をしてもよいでしょう。

こんなときどうする 6

久しぶりに電話をかける

半年〜数年ぶりに話す場合には「いつもお世話になっております」の
挨拶ではおかしな印象です。いつも以上に明るい声で!

> ご無沙汰しております。
> ○○社の吉澤です

▶ 半年以上連絡していない人へは 挨拶を変える

社外の人には「お久しぶりです」よりも「ご無沙汰しております」が
適切です。挨拶後に「お元気でしたか」と言葉を添えるのも印象がよ
くなります。

監修

北條久美子（ほうじょう くみこ）

東京外国語大学卒。ウェディング司会、研修講師を経て、2007年エイベックスグループホールディングス株式会社人事部にて教育担当に。2010年キャリアカウンセラー資格を取得し独立。
現在は多数の企業や大学などで年間約2500人のマナーやコミュニケーション、キャリアのセミナーを行う人財育成のプロフェッショナルとして活躍中。監修・著書に『イラストでわかる！最新ビジネスマナーの基本』（新星出版社）、『ビジネスマナーの解剖図鑑』（エクスナレッジ）、『図解　仕事の基本　社会人1年生大全』（講談社）など多数。
HP：https://www.k-hojo.net/

STAFF

装丁・本文デザイン	西澤幸恵
DTP	アーティザンカンパニー
イラスト	ひらのんさ
編集・制作	バブーン株式会社（古里文香、茂木理佳、相澤美沙音、千葉琴莉）

本書の内容に関するお問い合わせは、**書名、発行年月日、該当ページを明記の上、書面、FAX、お問い合わせフォームにて、当社編集部宛にお送りください。電話によるお問い合わせはお受けしておりません。**
また、本書の範囲を超えるご質問等にもお答えできませんので、あらかじめご了承ください。

　FAX：03-3831-0902

　お問い合わせフォーム：https://www.shin-sei.co.jp/np/contact-form3.html

落丁・乱丁のあった場合は、送料当社負担でお取替えいたします。当社営業部宛にお送りください。

本書の複写、複製を希望される場合は、そのつど事前に、出版者著作権管理機構（電話：03-5244-5088、FAX：03-5244-5089、e-mail：info@jcopy.or.jp）の許諾を得てください。

JCOPY ＜出版者著作権管理機構 委託出版物＞

どんなに苦手でもうまくいく電話応対

2023年 3 月15日　初版発行

監 修 者	北 條 久 美 子	
発 行 者	富 永 靖 弘	
印 刷 所	株式会社新藤慶昌堂	

発行所　東京都台東区　株式　**新星出版社**
　　　　台東 2 丁目24　会社
　　　　〒110-0016　☎03(3831)0743

© SHINSEI Publishing Co., Ltd.　　　　Printed in Japan

ISBN978-4-405-10417-4